汉家烟尘

晋公子 著

四川大学出版社

项目策划：欧风偃
责任编辑：欧风偃
责任校对：荆　菁
封面设计：墨创文化
封面题字：卿　磊
责任印制：王　炜

图书在版编目（CIP）数据

汉家烟尘 / 晋公子著. — 成都：四川大学出版社，2022.3

（晋公子读《史记》）

ISBN 978-7-5690-4153-8

Ⅰ．①汉… Ⅱ．①晋… Ⅲ．①中国历史－汉代－通俗读物 Ⅳ．① K234.09

中国版本图书馆 CIP 数据核字（2021）第 002828 号

书　名	汉家烟尘
	Hanjia Yanchen
著　者	晋公子
出　版	四川大学出版社
地　址	成都市一环路南一段 24 号（610065）
发　行	四川大学出版社
书　号	ISBN 978-7-5690-4153-8
印前制作	四川胜翔数码印务设计有限公司
印　刷	四川五洲彩印有限责任公司
成品尺寸	145mm×210mm
插　页	2
印　张	9.125
字　数	189 千字
版　次	2022 年 3 月第 1 版
印　次	2022 年 3 月第 1 次印刷
定　价	46.00 元

◆ 版权所有 ◆ 侵权必究

◆ 读者邮购本书，请与本社发行科联系。
　电话：(028)85408408/(028)85401670/
　(028)86408023　邮政编码：610065
◆ 本社图书如有印装质量问题，请寄回出版社调换。
◆ 网址：http://press.scu.edu.cn

四川大学出版社
微信公众号

序　言

卿磊博士是古代文学博士。常言道"文史不分家"，但我感觉，他的史学兴趣比文学兴趣浓厚得多。毕业后，从教之余，肆力于《史记》等史学名著，慧心独具，不愿孤芳自赏，近年在自媒体上开辟"晋公子读《史记》"专栏，以生动晓畅的文字，来讲述《史记》人物与故事，日积月累，结集成书，就是这套奉献给读者的《晋国春秋》《吴楚世仇》《秦亡天下》和《汉家烟尘》。

这部书不是严格意义上的学术专著，而是随笔性质的"古史今读"。其中没有晦涩得化不开的学术语言，也没有繁琐的文献注释和炫耀博学的参考书目。这些文字，你可以把它当作历史故事来读——当然，和小说的故事虚构不同，本书的故事里，对历史人物和历史事件的观察与叙述都尽最大的努力去做到有据可依。

如果你习惯了《三国演义》式的历史小说，读这部书的时候可能会觉得它有些不一样。《三国演义》讲故事的办法，总是尽可能把历史人物的本领表面化。比方说诸葛亮。在他正式出场之前，小说第三十七回《司马徽再荐名士》写到水镜先生对卧龙的评价，说他可比"兴周八百年之姜子牙，旺汉四百年之张子房"。认真说起来，这是罗贯中为诸葛亮改造过的"人设"。因为姜子牙是西周灭商的谋主，司马迁所谓"周西伯昌之脱羑里归，与吕尚阴谋修德以倾商政，其事多兵权与奇计，故后世之言兵及周之阴权皆宗太公为本谋"（《史记·齐太公世家》），而张良呢，《史记》载，乃是《太公兵法》的嫡派传人，刘邦金口誉为"运筹帷幄，决胜千里"的军事战略家。历史上真实的诸葛亮，其实和这两位军事家并不一样。他不像太公而像周公，不像张良而像萧何。陈寿说孔明"可谓识治之良才，管、萧之亚匹矣。然连年动众，未能成功，盖应变将略，非其所长欤！"（《三国志·诸葛亮传》）

  陈寿对诸葛亮的这番评价，罗贯中当然不会不知道，但他仍然执着地要将诸葛亮从一个治国理民的政治家改造成神机妙算的军事天才，其间的苦衷，恐怕正因为通俗小说面对的是市井大众。决胜千里的张良，他的厉害是摆在面儿上的，老百姓一眼就能瞧出来；可坐镇关中、足食足兵的萧何厉害在哪儿呢？在普罗大众眼里，他比起张良似乎平庸得多了，更多人对萧何之于汉朝基业的贡献是不甚了了的。

· 序　言 ·

《三国演义》对诸葛亮的"改造"很精彩,但也因此在小说里凭空增添了许多"火烧博望""火烧新野"一类的骑马打仗的故事。本书作者不想学罗贯中,不想专注于写骑马打仗的故事,尽管这部书讲述的是从春秋到西汉,那一段接一段烽火连天的岁月。

历史的精彩并不只存在于战场之上。相比于晋楚两国的城濮之战,重耳与楚成王充满言谈机锋的宴席,比战场上的兵戎相见更令人心惊胆战;较之长平之战,秦昭王在渑池会上戏弄赵国君臣的谋篇布局更令人击节称赏。本书的看点,就是将政治家复归为政治家,外交家复归为外交家,在谈判桌上,在宫闱之间,在宴席之上,在觥筹交错之中,去讲述他们的"厉害"。而且,相比于他们的"厉害",本书更多讲述他们的"不厉害",让这些历史人物复归为一个有血有肉的普通人。因为只有这样,才能看清在历史的惊涛骇浪之中,那些伟大的名字曾经有过的困顿、挣扎、煎熬和蜕变。

《史记》是中国史学的经典,常读常新,能启人神智。但对广大普通读者来说,却有两重障碍:一是文字,二是书写方式。众所周知,《史记》是以人物为中心的"纪传体",很多重大事件的叙述是"互见",出现在不同的人物传中,除非通读全书,至少阅读相关人物的传记,否则很难形成整体印象。我认为,此书的一大优点,就是采用了比较符合现代普通读者阅读习惯的叙述方式，打通人物传记，串联历史事件，形成若干引人入胜的话题，娓娓道来。可信性与可读性集于一书，这便是我推荐此书的理由。

谢　谦
2021年6月于湖南大学岳麓书院望江楼

目 录

诸吕之乱　　/001

陈平与周勃　　/021

汉文帝与贾谊　　/052

一桩谋杀案　　/079

孝文建储　　/094

娄敬与汉初分封　　/109

七国之乱　　/129

汉匈战争　　/165

诸吕之乱

壹

公元前195年,因淮南王黥布造反而御驾亲征的汉高祖刘邦被一支冷箭射伤了。吕后延请良医前来诊治,医生委婉地说:"病可治。"刘邦明白,"可治"并非"可愈",自己的生命就要走到油尽灯枯的终点了。与其在药物的维持下苟延残喘,不如洒脱地面对命运的安排。"命乃在天,虽扁鹊何益?"赏赐了诊金之后,刘邦罢退了医生。

想到刘邦死后少主临朝的困局,忧心忡忡的吕后问道:"陛下百岁后,萧相国(萧何)一旦去世,令谁代之?"

刘邦说:"曹参可。"

"曹参之后呢?"

"王陵。不过王陵这个人脾气太直,不懂权变,陈平可以做他的助手。陈平智谋有余，但独挑大梁似乎力不能支。周勃厚重少文，然安刘氏者，必周勃也！可令为太尉。"

刘邦的这份政治遗嘱似乎是对此后十几年汉朝政局的准确预言。

七年之后的公元前188年，刘邦的继任者汉惠帝刘盈中道崩殂。吕太后临朝称制，执意打破刘邦当年与群臣定下的"白马之盟"——"非刘氏王者，天下共击之"，要封吕家的侄子们为王。

刚正不阿的右丞相王陵第一个站出来反对，随即遭到解职。孤立无援的左丞相陈平屈从了吕太后的独断专行，吕产、吕禄相继被封为梁王、赵王，并实际控制了京城南北二军。

吕太后驾崩之后，在丞相陈平的策划下，太尉周勃夺取了南北二军的兵权，将吕氏家族斩尽杀绝，扶立高祖刘邦的第四子刘恒登基称帝，由此开启了西汉"文景之治"的盛世局面。

贰

"安刘氏者必（周）勃也！"刘邦的这份政治遗嘱曾被《史记》《汉书》《资治通鉴》共同采用，有司马迁、班固和司马光三位大史学家联名作保，这份遗嘱的真实性很少受到后来人的质疑，但我坚定地认为它作伪的可能性非常大。

事实上，只要我们稍微做一点推敲，就会发现其中存在着许多难以弥缝的破绽。

首先，按照《史记·高祖本纪》的记载，这份遗嘱是刘邦病危之际交代给吕后的。"安刘氏者必勃也"，如果刘邦真的说过这番话，那么言下之意是，他判断自己死后，刘氏政权一定会受到某种外来的威胁。而从后来的形势看，"危刘氏者"似乎就是指吕氏家族。要是刘邦真的认为吕后和她的家族是刘氏政权的最大威胁，而周勃才是帮助刘氏转危为安的那个人，为什么他不向周勃托孤而向吕后交代后事呢？

退一步讲，吕后要真是威胁刘氏政权的罪魁祸首，刘邦交代这份遗嘱等于跟她摊牌。以吕后的心狠手辣，临朝称制的她还能让周勃安安稳稳地做这个太尉吗？但我们看到，从刘邦驾崩到吕后去世的这十四年里，周勃安然无恙，吕后并没有做出任何针对他的行动，这又该作何解释呢？

其次，吕后并没有在刘邦尸骨未寒的时候就处心积虑地策划让自己的娘家侄子们做诸侯王。实际情况是，在刘邦死后，汉惠帝执政的整整七年当中，吕后都没有提出过"王诸吕"的想法。直到汉惠帝驾崩，太子尚在幼冲，主少国疑，吕后担心镇不住刘邦一手带出来的这帮从龙功臣，这才想到让自己的娘家侄子们来帮一把手。

要知道，在接替父亲刘邦成为帝国的新皇帝时，汉惠帝刘盈只有十七岁。刘盈先于母亲吕太后去世是一个非常偶然的事件，没有任何证据显示刘邦在生前能够准确地预测到这一点。如果汉惠帝健在,随着他日渐成熟,西汉政权当日趋稳固,吕后又何必搬出自己的娘家侄子们来帮忙呢?

所以,把吕后塑造成汉高祖刘邦的"败家娘们儿"是地地道道的政治诬陷。

在弥留之际,刘邦心中对刘家天下威胁最大的是谁?我以为,恰恰是以周勃为代表的异姓军功贵族。七年的天子生涯中,刘邦所做的种种努力都是为了限制这些人对刘氏政权的威胁。

在公元前202年,刘邦终于杀死了项羽,建立了崭新的西汉王朝。但是这个表面统一的新帝国却处处潜藏着战乱的隐患。当初,为了争取韩信、彭越等实力派军阀的支持以击败项羽,刘邦不得不向他们让渡政治利益,封他们为异姓诸侯王。但这些异姓诸侯国的建立,实际上让西汉初年的政治版图重新回到了战国时代秦与六国东西对峙的旧格局。

西汉最杰出的政治设计师刘敬在劝说刘邦定都关中的时候这样陈述了自己的理由:

"夫秦地被山带河,四塞以为固,卒然有急,百万之众可具也。因秦之故,资甚美膏腴之地,此所谓天府者也。陛下入关而都之,山东虽乱,秦之故地可全而有也。夫与人斗,不扼其亢,拊其背,未能全其胜也。今陛下入关而都,案秦之故地,此亦扼天下之亢而拊其背也。"

——《史记·刘敬叔孙通列传》

刘敬的话归结起来，精神就是八个字："丢掉幻想，准备打仗！"要掌控天下局势，刘邦必须抢占地利。西据关中，仿效当年的秦始皇横扫六国、混一宇内，用战争手段把这些异姓诸侯国一一剪除，方是必行之道。

刘邦后来也的确是这样做的。

楚王韩信、韩王韩信①、代相陈豨、梁王彭越、淮南王黥布……这些曾经雄踞一方的诸侯在刘邦的屠龙刀下一一灰飞烟灭。但消灭这些异姓诸侯之后，作为秦始皇的忠实信徒，刘邦却没有在这些诸侯国的故地全面推行秦朝的郡县制，而是就地分封刘家的子侄们为王，这又是为什么呢？

原因很可能是这样的：

西汉初年的封建是王、侯两级制。王国具有相对独立的人事、财政和军事权力，异姓诸侯王一旦之国就会成为割据一方的实力派军阀，他们对皇权的威胁是外在的。而封侯的异姓功臣只能享受侯国产出的租税，不能实际掌握侯国的治权。在尚未完成从军政府向文官政府转变的西汉初期，封侯的异姓军功贵族往往在中央担任重要官职，周勃、陈平、灌婴便是其中的代表。这些人坐在中朝，他们对皇权的威胁近在肘腋。把刘姓宗亲封到地方

---

① 楚王韩信就是大家熟知的"汉初三杰"之一的韩信，是《史记·淮阴侯列传》的传主；韩王韩信又常简称为"韩王信"，系故韩国公族，是《史记·韩信卢绾列传》的传主。

为王，目的就是牵制这些在中央辅政的侯爵功臣们。

以刘姓诸侯制约异姓功臣，刘邦建立的这个政治制衡机制是有效的，它在后来汉文帝刘恒登基的过程中发挥了非常关键的作用。

公元前180年，以周勃为首的功臣集团发动政变诛灭诸吕，随即向身在代国的刘恒去书，请他来长安即位称帝。代国群臣对这封邀请书普遍抱有怀疑与抗拒的态度，郎中令张武说：

> "汉大臣皆故高帝时大将，习兵，多谋诈。此其属意非止此也，特畏高帝、吕太后威耳。今已诛诸吕，新喋血京师，此以迎大王为名，实不可信！愿大王称疾毋往以观其变。"
>
> ——《史记·孝文本纪》

张武的观点在代国群臣中具有相当的代表性。他认为周勃等人对汉朝的忠诚并不可靠，只是畏于高祖和吕后的权威才不得不暂时屈服。现在他们发动政变，大开杀戒，究其用心，实属叵测。

而主张刘恒接受邀请的少数派宋昌则说：

> "高帝封王子弟，地犬牙相制，此所谓盘石之宗也，天下服其强。"
>
> ——《史记·孝文本纪》

刘家这么多叔伯兄弟在地方为王，个个手里有兵有粮。有他们做后盾，料周勃等人不敢轻举妄动，刘恒大可坦然接受邀请，去长安即位。最终的事实印证了宋昌的预测，刘恒确实是在这样的制衡机制保障下顺利成为汉朝新君的。

耐人寻味的是代国君臣对周勃的态度：无论是主张接受邀请的宋昌还是主张拒绝邀请的张武，双方都没有表现出对周勃的政治品质的信任。如果周勃真是高祖刘邦相中的安邦定国之人，为什么刘恒君臣对他连起码的信任都没有呢？

叁

"安刘氏者必勃也"的政治遗嘱疑点太多。但在高祖刘邦病危之际，守在床前接受遗嘱的人是吕后，这恐怕是事实，因为吕后才是刘邦治国思想的忠实践行者与守护者。

对刘邦来说，他最担心的是自己死后继位的新君镇不住朝中的元老重臣，所以为西汉挑选一位强势的少主一直是刘邦的心愿。这也是他为什么总是琢磨着要废掉刘盈的太子名分而改立戚夫人的儿子赵王如意为太子的原因——刘邦认为刘盈的性格太懦弱，而赵王如意的脾气秉性更像自己。

虽然在废太子的问题上，吕后一定会死心塌地保护儿子刘盈而与丈夫作对，但对待那些受封为王侯的开国功臣们，吕后的戒

心甚至比刘邦更甚。司马迁说:

> 吕后为人刚毅,佐高祖定天下,所诛大臣多吕后力。
>
> ——《史记·吕太后本纪》

公元前196年,淮南王黥布起兵造反,卧病的刘邦原本打算让太子刘盈率军平叛,吕后一把鼻涕一把泪地跟刘邦哭诉:"黥布可是从前项羽麾下的第一员猛将,用兵如神啊!今天陛下的带兵将军们都是您从前的战友、同事,以太子浅薄的资历去统领这帮开国重臣,无异于以羊驭狼,哪里指挥得动!"

刘邦冷笑道:"我早猜到遣这个臭小子去是办不成事儿的,还是老子自己辛苦一趟吧!"

虽然刘邦痛骂儿子刘盈不成器,却还是把皇位传给了他。刘邦也明知道因为之前的夺嫡之恨,他死后吕后一定会迫害戚夫人和赵王如意,但他却没有因此抢先对吕后下手。

《史记·张丞相列传》记载说,赵尧曾经问刘邦:"陛下忧心忡忡,是因为赵王如意年少而戚夫人又与吕后结怨吗?您是不是在担心百年之后,赵王无以自全?"刘邦的回答非常坦率:"是,对这件事我私下忧虑,却不知该怎么办。"

在这件事情上犯难,恰恰说明刘邦考虑问题的前提是一定要把帝位传给刘盈,才让吕后辅政的,否则,废掉刘盈与吕后,改立赵王如意就是最好的解决方案。

但刘邦不仅没有这样做,甚至他都没有考虑限制吕后的权力来保证赵王如意的安全。刘邦最终采取的措施是为赵王安排了一位强势的国相周昌,寄希望于他能顶住吕后的压力,庇护赵王。之所以要这样安排,是因为对刘邦来说,赵王如意如果被迫害致死,那他也只是失去了八个儿子中的一个,但如果吕后的权威动摇,他将失去制约开国功臣最重要的砝码,到那时,刘家天下可能会出现易姓改名的危险。

后来吕后的所作所为证明她忠实地执行了刘邦防范功臣的一贯政策。在高祖和惠帝两任皇帝先后驾崩的当口,吕后的第一反应都是先下手为强,杀掉开国功臣,以防他们造反。

虽然在临朝称制的几年当中,吕后相继杀了刘如意、刘友、刘恢三任赵王,灭掉了刘姓的赵国、梁国与燕国以封建吕家的子侄,还将刘邦长子刘肥的封国齐国肢解为四,但刘邦留下的以诸侯制约功臣的基本权力框架并没有被改变。这一点,宋昌在劝说代王刘恒入京即位的时候分析得很清楚:

"方今内有朱虚、东牟之亲,外畏吴、楚、淮南、琅邪(琊)、齐、代之强。方今高帝子独淮南王与大王,大王又长,贤圣仁孝闻于天下,故大臣因天下之心而欲迎立大王,大王勿疑也!"

——《史记·孝文本纪》

在宋昌提到的这些诸侯之中,吴国、楚国、齐国与代国是高祖时代封建的刘姓诸侯,而琅琊国与朱虚侯、东牟侯则是吕后封建的刘姓诸侯，正是这些诸侯的存在保障了代王刘恒的顺利继位。这充分说明吕后执政的这些年，虽然局部变更了高祖时代的封建格局，但总体的权力结构与执政精神却是一脉相承的。

肆

苦心孤诣的吕后最终还是败了。虽然她为刘邦守住了家业，但她的娘家吕氏却被满门抄斩，甚至连她的儿子汉惠帝刘盈的血脉都被赶尽杀绝。这可算是西汉历史上最大的悲剧之一。

吕后的失败，最重要的原因是她在利用刘邦留下的"以诸侯制功臣"的权力结构时出现了偏差。在这个问题上，吕后同汉惠帝有着根本性的政见分歧。

对待高祖封建的刘姓诸侯，汉惠帝的基本策略是怀柔，就是要以亲情为纽带把刘家的叔伯兄弟拧成一股绳——刘盈并非刘邦眼中那样懦弱无能，只不过他的执政思路与父母不同罢了。在《史记·留侯世家》中记载了这样一件事情：

当刘邦有心要废掉刘盈，改立赵王如意为太子的时候，吕后请出张良来为刘盈谋划固位之策。张良说，天下有四位德高望重的老先生——也就是"商山四皓"，是刘邦非常看重的，但他们四位都觉得皇帝好慢侮属下，所以不愿意屈就臣僚。太子如果能将他们招致门下，对巩固嗣君的地位一定大有助益。

果然,刘邦看到商山四皓接受太子的礼聘前来为客,非常惊讶:"我请了你们几年你们都不来,怎么换我儿子请,你们倒来了呢?"四位老先生回答:

> "陛下轻士善骂,臣等义不受辱,故恐而亡匿。窃闻太子为人仁孝,恭敬爱士,天下莫不延颈欲为太子死者,故臣等来耳。"

——《史记·留侯世家》

睿智的刘邦事后跟赵王如意的母亲戚夫人说:

> "我欲易之,彼四人辅之,羽翼已成,难动矣!吕后真而主矣!"

——《史记·留侯世家》

在很长的时间里,刘邦的这番话都让我颇费踌躇:四位年逾八十的老先生,既无职又无权,更不可能掌兵,他们能给太子增添什么硬实力?如何能成为太子丰满的羽翼呢?在此,对刘邦的话,我想尝试从以下这个角度做一点解释。

中国的政治传统讲究逆取顺守:以武力夺取江山,以仁义治理天下。刘邦听到"太子为人仁孝,恭敬爱士,天下莫不延颈欲为太子死者"的时候,我不知他是否想起了陆贾的话:"马上得天下,宁可以马上治之乎?"太子刘盈能够得到商山四皓的真心拥戴,证明了另一种不同于强人刘邦的治国之术自有其优越性。为国家挑选一位长于文治的少主，未尝不能保证西汉的长治久安。刘邦口中的"羽翼已成"指的应该是太子的执政思想日渐成熟。

当刘盈登上帝位之后，为了维持刘邦建立的政治生态平衡，他极力地想团结住刘姓的诸侯兄弟：明知道吕后想杀死赵王如意，刘盈就赶在赵王进京之前专程到霸上迎接他，接入宫中与自己同吃同住，不给母亲下手的机会；齐王刘肥本来只是刘邦和姘妇曹氏的非婚生子，他的母亲甚至连个正式的名分都没有，但齐王来朝，刘盈仍然恭敬地尊他为兄，行家人之礼，看不出一点儿当今皇帝和高祖嫡子的臭架子。

和刘盈相比，吕后对刘姓诸侯的态度可就严苛多了。这也难怪：无论这些刘姓王爷是刘邦跟哪个女人生的，反正他们都是刘邦的儿子，都是刘盈的兄弟；但对吕后来说，无论他们是丈夫跟哪个小狐狸精生的，反正都不是我的儿子！

这个立场的差异决定了吕后与刘盈对待刘姓诸侯的策略分歧：刘盈的基本思路是"拉"，吕后的基本思路是"打"。吕后要求刘姓王爷们对惠帝和她自己的权威必须绝对地服从，只要稍微感到一点挑战，就立即以雷霆手段应对之。因此，对曾经与刘盈争夺太子之位的赵王母子，吕后处心积虑一定要他们死；而齐王刘肥在惠帝面前循兄长之礼坐了一回上座，压了亲儿子一头，吕后当即就赐他毒酒一杯。

刚烈的个性加以深重的戒心，让吕后与刘姓诸侯的关系日趋紧张,而当惠帝驾崩之后,这种紧张关系更是迅速加剧并最终导致了双方的决裂。决裂的导火索就是吕后重用诸吕。

汉惠帝驾崩之后,为了加强对刘姓诸侯的监控,吕后开始极力促成刘氏与吕氏的联姻,也就是把吕家的女子安插到刘家儿子们的枕头边上去盯着他们,齐王刘肥之子朱虚侯刘章、前后两任赵王刘友与刘恢都是这个联姻政策的中选者。对于抗拒这一联姻政策的诸侯,吕后的后手就是灭了他,然后以吕家的侄子们取代其诸侯之位。因此,刘友与刘恢先后遭到吕后的毒手,梁王与赵王的位置也随之被腾给了吕产和吕禄。

吕后的如意算盘本来是通过这个联姻政策,将刘姓诸侯更牢固地掌握在自己手中,再辅以新建的吕姓诸侯,刘、吕联手,控扼功臣勋旧应该绰有余裕。但她没有料到,正是这个联姻政策导致了刘、吕两家关系的彻底决裂,因为在刘家的子侄们看起来,吕后的所作所为是要杀死姓刘的,给姓吕的腾地方。在吕后驾崩之后,齐王刘襄(刘肥之子)举兵讨逆,声讨书中说的主要就是这个意思:

"孝惠崩,高后用事。春秋高,听诸吕,擅废帝更立。又比杀三赵王,灭梁、赵、燕以王诸吕,分齐为四。忠臣进谏,上惑乱弗听。今高后崩而帝春秋富,未能治天下,固恃大臣诸侯。而诸吕又擅自尊官,聚兵严威,劫列侯忠臣,矫制以令天下,宗庙所以危。寡人率兵入诛不当为王者!"

——《史记·吕太后本纪》

原本刘邦设计的权力结构是让异姓功臣与刘姓诸侯相互牵制，皇帝通过维持与调节这个平衡来保证权力的稳固。现在吕后一面威慑异姓功臣，一面又打压刘姓诸侯，等于把这两方势力同时推到了自己的对立面。刘襄说"固恃大臣诸侯"表明他这个刘姓诸侯已经准备好与异姓功臣联手，而他们将要共同打击的对象就是吕后死后群龙无首的吕氏家族。到了这个地步，吕氏家族的覆灭已成定局！

伍

吕氏家族的覆灭对吕后来说还不是最惨痛的结果，因为她扶植吕家的根本目的是确保汉惠帝刘盈的这支血脉能稳稳地坐在未央宫的龙椅之上。为了实现这个目标，付出牺牲在所不惜。但吕后没料到，扶植诸吕竟然导致了刘盈这支高祖的嫡脉被斩尽杀绝。

吕后死后，以陈平、周勃为代表的朝中功臣与以齐王刘襄为代表的刘姓诸侯就已经开始谋划对吕氏家族动手了。对"诸吕之乱"的始末，司马迁的《史记》有许多很蹊跷的记载。

"诸吕之乱"的起因究竟是什么？司马迁记载这一事件起因的"书法"，我认为不符合中国传统史学著述的一贯精神。在

《吕太后本纪》当中,司马迁的记载是这样的:

> 当是时(指吕后驾崩之后),诸吕用事擅权,欲为乱。畏高帝故大臣绛(周勃)、灌(灌婴)等,未敢发。……
>
> 吕禄、吕产欲发乱关中,内惮绛侯、朱虚等,外畏齐、楚兵,又恐灌婴畔之。欲待灌婴兵与齐合而发,犹豫未决。……
>
> 吕产不知吕禄已去北军,乃入未央宫,欲为乱。……

在上文中,司马迁连续三次写下了"欲为乱"。"欲"意味着它只是一个想法,尚未付诸行动。

中国史学传统最重"实录"。所谓"实录",就是忠实地记录历史的本来面目,这就要求严谨的历史著作只能记载历史人物的行为,而不能妄自揣测人物的内心。因为只有行为才是外在可见的,才能实录。如果一定要反映人物的内心世界,只能通过对行为的记录去逆向暗示他的心理,而不能直接描写他的心理活动。因为"实录"精神的存在,我们会发现不但正史传记的写作会竭力避免心理描写,甚至连《三国演义》这样的讲史小说都会尽量规避这一点。

但上文的这三次记载却是典型的心理描写:它说吕产、吕禄想作乱,但紧接着又说他们因为忌惮功臣与刘姓诸侯王,引而未发。这等于是在没有犯罪事实的前提下推定犯罪动机——我猜你们一定想造反!这样的罪名同"腹诽心谤"有什么分别?

当然，我不认为《史记》这样写，是太史公的著史水准有问题。这些文字很可能是司马迁从官方档案中原封不动地誊写过来的，至于它的真实性，我想恐怕连司马迁自己都不信，因为在他本人的叙述中，已经为我们留下了揭秘真相的突破口。

《史记》说诸吕想要造反，记载的罪状有两条：

其一，功臣们说当时在位的少帝刘弘不是惠帝的亲生儿子，而是吕后用别人的儿子冒充的，其目的只是要霸占刘姓的皇帝宝座。这等于说吕后生前亲自策划了一起"狸猫换太子"事件。

其二，吕后驾崩之后，她的侄子吕产和吕禄妄图把小皇帝攥在自己手里，辅以对京城南北二军的掌控，挟天子以令诸侯。

从司马迁的叙述看，这两条罪状都是失实的。

首先，少帝刘弘究竟是不是惠帝刘盈的血脉？在《吕太后本纪》中，司马迁本人的叙述是这样的：

> 太后欲王吕氏，先立孝惠后宫子强为淮阳王，子不疑为常山王，子山为襄成侯，子朝为轵侯，子武为壶关侯。……
>
> （公元前184年）五月丙辰，立常山王义①为帝，更名曰弘。不称元年者，以太后制天下事也。以轵侯朝为常山王。

这个记载同功臣们的说法是相互矛盾的：功臣们的口径是刘

---

① 即襄成侯刘山。刘弘原名刘山，公元前187年封襄成侯，公元前186年常山王刘不疑死后接封为常山王，并改名刘义。

弘及其他三位诸侯王都是冒牌皇子,但司马迁却说他们是惠帝的"后宫子",也就是说他们真是惠帝的儿子,不过其母卑贱,并非皇后嫡出。

这两个相互矛盾的说法哪一种是真实的?我的判断是后一种更可信,刘弘等人确实是惠帝的亲生儿子。之所以做出这个判断,是因为《史记·孝文本纪》中记载了这样一件耐人寻味的事情:

当诸吕之乱戡定后,代王刘恒来到长安准备登基。以丞相陈平、太尉周勃为首的文武百官赶来渭桥迎接他。双方见面施礼已毕,周勃对刘恒说:"原(愿)请间言。"——请借一步说话。代国中尉宋昌当即制止周勃说:

"所言公,公言之;所言私,王者不受私。"

——《史记·孝文本纪》

这个细节大有深意。周勃究竟想跟刘恒私下说些什么呢?司马迁在《吕太后本纪》中写道:

(诸吕灭后)诸大臣相与阴谋曰:"少帝及梁、淮阳、常山王皆非真孝惠子也。吕后以计诈名他人子,杀其母,养后宫,令孝惠子之,立以为后及诸王,以强吕氏。今皆已夷灭诸吕,而所置立,即长用事,吾属无类矣。……"

功臣们的话有两层意思:第一,少帝刘弘及其他三位诸侯王都不是惠帝的骨血；第二，他们是吕氏家族弄来冒充太子的"狸猫"，必须处死。蹊跷的是，这里面有什么见不得人的勾当，让功臣们只能"阴谋"而不能"阳谋"呢？

那只能是：这四位皇子都是汉惠帝的亲儿子，但大臣们为了斩草除根，彻底铲除吕氏家族的势力，于是密谋要将吕氏家族忠心保卫的惠帝一支皇族尽数消灭。

这一点估计代王刘恒和他的属僚心里都有数。所以当周勃想跟刘恒私下讲明这个情况的时候，宋昌要赶紧堵住他的嘴：政变是你们干的好事，要斩绝惠帝的骨血你们自己动手，不能拖代王下水！这才是"王者不受私"的真实含义——如果让刘恒卷入这桩肮脏的政治谋杀中去，他还能堂而皇之地当这个皇帝吗？

但是话又说回来，刘恒毕竟是这场政变的受益者，要不是惠帝刘盈的儿子们被功臣斩尽杀绝，又哪里轮得到他来当皇帝呢？既然得了便宜，他就得装糊涂，因此官方档案里对这次政变的记载就只能按照功臣们的口径来写了。这应该是汉文帝刘恒与太尉周勃之间的一份政治默契。

其次，说吕产、吕禄想要挟天子以令诸侯也是站不住脚的。《史记·吕太后本纪》中记载了这样一件事情：

吕后驾崩之后，齐王刘襄举兵讨伐诸吕。受诸吕的委派而带兵前去镇压齐王的功臣灌婴才到荥阳就停了下来，并与刘襄达成默契，双方将联手应对诸吕。这时坐在京里的吕产、吕禄还实际掌握着南北二军的指挥权。为了解除他们的兵权，太尉周勃派遣与吕禄私交甚好的郦寄前去游说他：

> "高帝与吕后共定天下。刘氏所立九王，吕氏立三王，皆大臣之议。事已布告诸侯，诸侯皆以为宜。今太后崩，帝少，而足下佩赵王印，不急之国守藩，乃为上将将兵留此，为大臣诸侯所疑。足下何不归印，以兵属太尉，请梁王归相国印，与大臣盟而之国。齐兵必罢，大臣得安，足下高枕而王千里，此万世之利也！"

郦寄跟吕禄摊牌：吕家兄弟以诸侯王的身份在京掌兵已经引起了异姓功臣与刘姓诸侯两方势力的共同猜忌，为了洗刷清白，吕禄、吕产应该即刻放弃兵权，赶紧之国，安安分分地做他们的诸侯王去。

如果吕产、吕禄真有挟天子以令诸侯的野心，那他们绝不可能接受郦寄的建议。但事实是吕禄接受了这个建议，把兵权交给了周勃，于是他和吕产乃至整个吕氏家族便成了功臣们发动政变清洗的对象。

功臣们消灭吕氏之后继续消灭惠帝的子嗣，也印证了诸吕的清白："今皆已夷灭诸吕而所置立，即长用事，吾属无类矣。"——杀掉诸吕之后如果还让惠帝的儿子做皇帝，一旦小皇帝长大成人，一定会拿功臣开刀，为吕氏报仇。你能想象汉献帝会为曹操报仇吗？不盼他早点死就不错了。功臣们的担心证明，诸吕确是惠帝的忠臣。

陆

公元前180年的七月，病入膏肓的吕太后即将撒手人寰。在临死前，她将吕产、吕禄两位侄儿叫到床前，谆谆告诫：

"高帝已定天下，与大臣约曰：'非刘氏王者，天下共击之。'今吕氏王，大臣弗平。我即崩，帝年少，大臣恐为变。必据兵卫宫，慎毋送丧，毋为人所制！"

——《史记·吕太后本纪》

直到生命的最后一刻，吕后都没能闭上那双警戒着功臣的眼睛。但她没有料到，在她死后首先站出来向吕氏发难的却是刘家的后辈。齐王刘襄、朱虚侯刘章，这些吕后曾经极力想要控制的刘姓宗亲敲响了吕氏与少帝刘弘灭亡的第一声丧钟。

回首当年与惠帝的争执，强硬的吕后执意要以雷霆手段威服刘姓诸王，拗不过母亲的惠帝刘盈被迫选择退让，借酒浇愁，遂至一病不起，而吕后的强硬却最终将刘盈与吕氏两大家族一并葬送。

至刚则易折，倘若当年汉惠帝怀柔刘姓骨肉的政策能够顺利实施，历史是否会给他和吕后一个更加温情的结局呢？

陈平与周勃

壹

公元前180年冬十月,初登大宝的汉文帝刘恒正在未央宫内与属僚们反复斟酌,该怎样封赏丞相陈平、太尉周勃等一干将相大臣,以酬报他们夷灭诸吕、迎立新君的殊勋。就在这时,一封辞职报告意外呈到了文帝跟前。

请辞之人正是朝臣之首——丞相陈平。他声称自己身体有恙,不克担负首辅宰相的重任,因此甘心逊让,请皇帝另择贤达。这份辞呈透着些许蹊跷。刘恒自代国抵京的时候,陈平领衔群臣,郊迎于渭桥,彼时丞相长身鹤立,声如洪钟,并不见一丝病态,怎么才过了没几日,就病到不能履职了?吕氏新亡,喋血京师,满朝文武人人被怀疑、惊惧、猜忌和敌视的情绪缠绕着、撕扯着。这当口,朝臣们脆弱的神经可再经不起丞相有任何意外了。捏着陈平的辞职报告，文帝疑惑之余，不得不亲自垂问：丞相究竟生了什么病？

皇帝亲询之下，陈平倒也坦诚："我并没有真的生病，只不过想找个托词，把丞相这个朝臣领班的位置让与周勃罢了。"看着文帝困惑的眼神，陈平继续解释道："臣在先帝朝忝列三公之首，那是因为追随高帝，建功多于周勃。而如今周勃既是平定诸吕的首义元勋，论职以功，臣自当避让他一箭之地。"显然，陈平的乖巧给新皇帝留下了良好的印象。虽然文帝最终采纳了陈平的建议，擢升周勃为丞相，但他没舍得让陈平卸任——为了挽留陈平，孝文帝将丞相之职分设左右，周勃以右相居首，陈平以左相居次。

同是诛吕功臣，和韬光养晦、八面玲珑的陈平相比，行伍出身的周勃就显得太跋扈了。朝堂上，文帝对他越是优礼敬重，他越是得意扬扬，终于让人抓住了话柄：

> 绛侯为丞相，朝罢趋出，意得甚。上礼之恭，常自送之。袁盎进曰："陛下以丞相何如人？"上曰："社稷臣。"盎曰："绛侯所谓功臣，非社稷臣，社稷臣主在与在，主亡与亡。方吕后时，诸吕用事，擅相王，刘氏不绝如带。是时绛侯为太尉，主兵柄，弗能正。吕后崩，大臣相与共畔诸吕，太尉主兵，适会其成功，所谓功臣，非社稷臣。丞相如有骄主色。陛下谦让，臣主失礼，窃为陛下不取也。"后朝，上益庄，丞

相益畏。

——《史记·袁盎晁错列传》

耿介敢言的大臣袁盎一语熄灭了周勃的光环：虽然周勃诛灭吕氏，迎立文帝，功劳不小，但从前吕后当国、诸吕封王的时候，他周勃也没敢站出来强项死谏、据理力争啊。吕后晏驾，诸吕势孤，周勃不过是瞅准了时机，利用群臣和诸侯对吕氏的不满发动政变，这才爬上了首席功臣的位置。说到底，周勃是个政治投机分子。

袁盎的一席话点醒了文帝，他开始向周勃施压了。于是乎，仅仅在首相的位置上待了一个月，周勃便不得不被迫辞职：

文帝既立，以勃为右丞相，赐金五千斤，食邑万户。居月余，人或说勃曰："君既诛诸吕，立代王，威震天下，而君受厚赏，处尊位，以宠，久之即祸及身矣。"勃惧，亦自危，乃谢请归相印。上许之。

——《史记·绛侯周勃世家》

周勃请辞，陈平独相。首辅大臣的权柄兜兜转转，又回到了陈平手里。周勃恃功骄主，陈平以退为进，文帝初政时的首辅之争折射出这两位曾经联袂诛吕、再造社稷的战友并不融洽的关系。《史记》记载，当年汉高祖刘邦病重之际曾经留下一份政治遗嘱：萧、曹身后，命王陵、陈平为相，周勃辅之。后来高后吕雉驾崩，诸吕擅权，据兵卫宫，陈平、周勃便以这份高祖遗嘱的名义发动政变，改天换日。过往的合作经历让世人很容易误把陈平、周勃看作同一条战壕里的亲密战友，但其实，这对政坛冤家在西汉开国三十年的历史里争斗远多于合作。他们之间的倾轧与算计就像一个缩影，浓缩了汉初政坛一个隐晦的权力大格局，以及在这个大格局下，西汉政治艰难而曲折的演进过程。今天，当我们重新回顾这段充斥着谎言、阴谋和暗战的历史时，拨开迷雾的讲述还得从汉高祖刘邦留下的那份政治遗嘱说起。

贰

刘邦的政治遗嘱，首见于《史记·高祖本纪》：

> 高祖击（黥）布时，为流矢所中，行道病。病甚，吕后迎良医，医入见，高祖问医，医曰："病可治。"于是高祖嫚骂之曰："吾以布衣提三尺剑取天下，此非天命乎？命乃在天，虽扁鹊何益！"遂不使治病，赐金五十斤罢之。已而吕后问："陛下百岁后，萧相国即死，令谁代之？"上曰："曹参可。"问其次，上曰："王陵可。然陵少戆，陈平可以助之。陈平智有余，然难以独任。周勃重厚少文，然安刘氏者必勃也，可令为太尉。"吕后复问其次，上曰："此后亦非而所知也。"

对这份遗嘱的真实性，司马迁并未公开提出质疑，甚至在

《绛侯周勃世家》中他又一次写道：

> 勃为人木强敦厚，高帝以为可属大事。

安刘必勃，司马迁言之凿凿。后来班固撰写《汉书》、司马光编著《资治通鉴》也没有对此提出过异议。于是乎，这份高祖遗嘱遂成了后来人理解刘邦身后十五年汉朝政治的权威"剧情介绍"。但我私意以为，这份"剧情介绍"恐怕不是刘邦这个权威亲自写下的，它极有可能是一份伪作。

> （萧）何素不与曹参相能，及何病，孝惠自临视相国病，因问曰："君即百岁后，谁可代君者？"对曰："知臣莫如主。"孝惠曰："曹参何如？"何顿首曰："帝得之矣！臣死不恨矣！"
>
> ——《史记·萧相国世家》

这是保存在《史记》中的另一段记载，记载的是相国萧何病逝前，汉惠帝刘盈亲临相府，与萧何商议继任相国的事。对比《高祖本纪》中记载的那份高祖遗嘱，我们不难发现两个明显的疑点。

首先，如果刘邦当年真的留下过那份政治遗嘱的话，按照汉朝制度，交代遗嘱时该有史官对刘邦的口述内容进行笔录。如果形成了诏书，尚书处还会保留诏书的副本。换言之，这么重要的政治遗嘱绝不可能是刘邦单独对吕后一个人交代的，旁人一无所知。"高祖有遗嘱"如果是一个当时公认的事实,那萧何一旦去世,汉惠帝理应遵照先帝遗嘱直接任命曹参继为相国,而不该去向萧何问计。从另一方面说,惠帝前来问计的时候,当面接受高祖遗嘱的吕后还实际掌控着朝政,在这种情况下,素以恭谨见称的萧何更不可能绕过先帝遗嘱而径直推荐曹参为接班人。但我们却看到,"高祖遗嘱"自始至终没有出现在萧何与惠帝的谈话中,曹参接任相国实际上是源于萧何的推荐而非刘邦的遗命。这一点,《史记·曹相国世家》可以为证:

> (曹)参始微时,与萧何善;及为将相,有郤(隙)。至何且死,所推贤唯参。参代何为汉相国,举事无所变更,一遵萧何约束。

在萧何与惠帝商议相国继任人的时候,高祖遗嘱莫名其妙地"遁形"了,这该怎么解释呢?

其次,我们对比一下汉惠帝询问萧何与吕后询问刘邦的两句话:

> (惠帝曰:)"君即百岁后,谁可代君者?"
>
> (吕后曰:)"陛下百岁后,萧相国即死,令谁代之?"

连句式都存在着高度的相似性。如果这两段对话都是司马迁直录自汉朝的官方档案,那我们不得不怀疑:吕后那一问是不是后来者根据惠帝的问话篡改而成的呢?

我之所以做出这样的判断，而不是反过来，认为惠帝的问话改编自吕后，正是基于本书第一章"诸吕之乱"中曾提到过的理由。刘邦遗嘱的最后提到，安定刘氏的人必是周勃，堪称精确地预言了吕氏为乱、周勃安刘的后续历史发展，但它存在三个无法解释的疑点：第一，诸吕封王并非吕后的夙愿，更不是她处心积虑谋划多年的结果，而是缘于一个极其偶然的历史事件，那就是汉惠帝刘盈的早夭打破了西汉政治生态的平衡，吕后不得不以娘家侄子们帮助小皇帝制衡功臣，而刘盈继承皇位的时候才不过十七岁，刘邦怎么可能预见到他会死在吕后前边呢？第二，假设真如高祖遗嘱所预言的那样，吕氏将倾覆汉家天下，而周勃注定是那根儿诛吕匡刘的擎天柱石，那就意味着从这份遗嘱交代给吕后的那一刻起，吕后和周勃就被摆到了政治上相互敌对的位置。但刘邦去世后，吕后实际掌控西汉朝政长达十四年，其间不但没有采取任何针对周勃的打压措施，甚至在惠帝六年（公元前189年），居然还让周勃升任太尉，获得了统管全国军政的重权，这个悖于常理的人事任命该作何解释呢？第三，《史记》说刘邦信任的是周勃，猜忌的是吕后，为什么不让周勃做顾命大臣，面受遗诏，偏要把这份遗嘱交代给吕后呢？

照司马迁的说法，刘邦立遗嘱是因为病重，而病重则是由于征讨淮南王黥布的时候为流矢所伤。《史记·高祖本纪》显示，刘邦御驾亲征，与淮南王黥布决战于会甀，时间在汉高祖十二年

（公元前195年）十月。黥布战败逃亡，刘邦遣别将追击，而自己则回銮反斾，振旅而归。他在战场上负伤，应该就发生在十月的这次战斗当中。关于这一点，我们在《史记》的其余传记里也可以找到佐证。

刘邦在战场上可能真是负了伤，然而伤情未必像《高祖本纪》描述的那样"行道病，病甚"——在返程的路上就因伤势太重而支持不住了。刘邦十月击败黥布，十一月才回到长安，路上的确耽搁了一个月的时间，但之所以走了这么久，并不是因为病体沉重，被迫缓行，而是击破黥布之后，刘邦就近回了一趟沛县，在家乡置酒为乐，与父老故旧同游，耗去半月的缘故：

> 高祖还归，过沛，留。置酒沛宫，悉召故人父老子弟纵酒，发沛中儿得百二十人，教之歌。酒酣，高祖击筑，自为歌诗曰："大风起兮云飞扬，威加海内兮归故乡，安得猛士兮守四方！"令儿皆和习之。高祖乃起舞，慷慨伤怀，泣数行下。……十余日，高祖欲去，沛父兄固请留高祖。高祖曰："吾人众多，父兄不能给。"乃去。沛中空县皆之邑西献。高祖复留止，张饮三日。

——《史记·高祖本纪》

在沛县勾留的半个月里，刘邦纵酒、作乐、吟诗，全然看不出负伤的病态。因此，就算刘邦要立遗嘱，也不可能是在返程的路上，而应该在回到长安以后。

回到长安后,刘邦是有那么十几天时间病得不轻,并且因病蛰居,拒绝接见外臣,直到樊哙闯宫而入,刘邦才重新临朝莅事:

> 先黥布反时,高祖尝病甚,恶见人,卧禁中,诏户者无得入群臣。群臣绛、灌等莫敢入。十余日,哙乃排闼直入,大臣随之。上独枕一宦者卧。哙等见上流涕曰:"始陛下与臣等起丰沛,定天下,何其壮也!今天下已定,又何惫也!且陛下病甚,大臣震恐,不见臣等计事,顾独与一宦者绝乎?且陛下独不见赵高之事乎?"高帝笑而起。
>
> ——《史记·樊郦滕灌列传》

这一点,《高祖本纪》可作旁证:自十一月抵京后,便不见刘邦处理政务的记载,直到十二月,才又看到刘邦颁布新的诏旨。蛰伏谢客的这段时间,应该就是刘邦病体最为沉重的时候,照此推论,如果刘邦要立遗嘱,时间应该就在十一月抵京之后、十二月颁诏之前。

这样一来,我们首先可以排除这种可能,即刘邦是因为征讨黥布时负伤过重,返程途中仓促对吕后立下了遗嘱,来不及通知周勃面受遗诏。这种可能一旦被排除,那我们就很难解释这份遗嘱为什么要在此时颁给吕后了,因为《史记》明明记载,刘邦两个月后还召见过陈平和周勃,他并不是没有机会亲自向周勃交代后事的:

> 二月,使樊哙、周勃将兵击燕王绾,赦燕吏民与反者。

——《史记·高祖本纪》

> 燕王卢绾反，上使樊哙以相国将兵攻之。既行，人有短恶哙者。高帝怒曰："哙见吾病，乃冀我死也。"用陈平谋而召绛侯周勃受诏床下，曰："陈平亟驰传载勃代哙将，平至军中即斩哙头！"

——《史记·陈丞相世家》

刘邦在公元前 195 年十一月至十二月间向吕后立下遗嘱，告诉她"安刘必勃"，影射吕家为危害刘氏的祸首，而两个月后亲自接见周勃，命他接替樊哙征讨卢绾，却对遗嘱只字不提。《史记》当中关于"高祖遗嘱"的记载，就为我们讲述了这样一个逻辑混乱、前后抵牾的"神话故事"。此外，《史记·韩信卢绾列传》记载：

> 汉十二年……高祖使使召卢绾，绾称病。上又使辟阳侯审食其、御史大夫赵尧往迎燕王，因验问左右。绾愈恐，闭匿，谓其幸臣曰："非刘氏而王，独我与长沙耳。往年春，汉族淮阴，夏，诛彭越，皆吕后计。今上病，属任吕后。吕后妇人，专欲以事诛异姓王者及大功臣。"乃遂称病不行。

这里又一次提到了公元前 195 年十一月刘邦的那次病创。卢绾明确说道，病中的刘邦"属任吕后"——把大事都托付给吕后来操办。而前引《樊郦滕灌列传》中又记载，刘邦生病期间特别关照宫门禁卫，不得放大臣入宫面圣，因此周勃、灌婴等人连刘邦的面都见不着,要不是十几天后樊哙仗恃自己是刘邦的连襟,乍着胆子硬闯宫禁,这种情况还会继续下去。专倚吕后,拒见周勃,刘邦厚此薄彼的态度是这样的鲜明,他又怎么可能在遗嘱中对吕后说出"安刘必勃"的话来呢?

叁

在刘邦心中对刘氏威胁最大、在他生命的最后几个月里最让他担心的人是谁?恰是以王陵、周勃为首的丰沛功臣集团!

公元前195年十月击败黥布之后,刘邦置酒沛宫,与家乡父老欢宴十数日。这期间,有个细节值得我们特别注意。刘邦出生在沛县丰邑中阳里,称帝之后他下旨免除了沛县百姓的赋税徭役以示优遇,却指示唯独丰邑不得享受这个优待。此番衣锦还乡,沛县父老恳请刘邦解除禁令,让丰邑百姓享受与沛县其他地方同样的优惠政策,而刘邦的回答是:

"丰吾所生长,极不忘耳,吾特为其以雍齿故反我为魏。"

——《史记·高祖本纪》

早年,刘邦刚刚当上沛公,举起反秦义旗的时候,丰沛功臣中的雍齿就是在丰邑反水投敌,让刘邦遭遇了起义以来的第一次重大挫折:

> （沛公）命雍齿守丰，引兵之薛。……雍齿雅不欲属沛公，及魏招之，即反为魏守丰。沛公引兵攻丰，不能取。沛公病，还之沛。沛公怨雍齿与丰子弟叛之……欲请兵以攻丰。
>
> ——《史记·高祖本纪》

虽然丰沛功臣集团在刘邦夺取天下的过程中立下了汗马功劳，但这帮起义元老的反叛就像魔咒一样始终困扰着刘邦，哪怕在他称帝之后，也没能解除。汉高祖六年（公元前201年）刘邦称帝之初，张良就警告过刘邦，丰沛功臣集团有可能因为争夺功劳和封赏不均生叛生乱，当时刘邦迫于压力，不得不紧急封赏了这个有叛乱前科的雍齿，以安抚人心：

> 上已封大功臣二十余人，其余日夜争功不决，未得行封。上在雒阳南宫，从复道望见诸将往往相与坐沙中语。上曰："此何语？"留侯曰："陛下不知乎？此谋反耳。"上曰："天下属安定，何故反乎？"留侯曰："陛下起布衣，以此属取天下，今陛下为天子，而所封皆萧、曹故人所亲爱，而所诛者皆生平所仇怨。今军吏计功，以天下不足遍封，此属畏陛下不能尽封，恐又见疑平生过失及诛，故即相聚谋反耳。"
>
> 上乃忧曰："为之奈何？"留侯曰："上平生所憎，群臣所共知，谁最甚者？"上曰："雍齿与我故，数尝窘辱我。我欲杀之，为其功多，故不忍。"留侯曰："今急先封雍齿以示

群臣,群臣见雍齿封,则人人自坚矣。"于是上乃置酒,封雍齿为什方侯,而急趣丞相、御史定功行封。群臣罢酒,皆喜曰:"雍齿尚为侯,我属无患矣。"

——《史记·留侯世家》

六年过去了,在生命的最后一年,战场负伤的刘邦在沛县又对家乡父老提起了雍齿反叛的往事,并且言语之间犹有恨意,显示出刘邦对丰沛功臣集团的戒备至死都没有丝毫松懈。因此我们才会看到,刘邦回到长安之后病势加重,却严禁功臣入宫面圣——此举最直接的目的就是要对丰沛功臣集团封锁皇帝病重的消息,避免引动某些人的谋逆之心。而当樊哙仗恃皇亲身份,带头硬闯宫禁,来到刘邦跟前的时候,刘邦又不得不"笑而起",强打精神在功臣面前演戏,向他们宣示"朕的身体其实没什么大碍"。

正因为刘邦对丰沛功臣集团的戒心如此之强,疑虑如此之深,所以只要有一丁点风吹草动,就有可能引得他大开杀戒:

其后卢绾反,高帝使(樊)哙以相国击燕。是时高帝病甚,人有恶哙党于吕氏,即上一日宫车晏驾,则哙欲以兵尽诛灭戚氏、赵王如意之属。高帝闻之大怒,乃使陈平载绛侯代将,而即军中斩哙。陈平畏吕后,执哙诣长安。

——《史记·樊郦滕灌列传》

连樊哙这样最亲近的丰沛功臣都遭到了刘邦最严重的猜忌,

我们就不难理解，为什么重病中的刘邦要"属任吕后"了。

同时，需要特别说明的是，虽然樊哙是刘邦的连襟、吕后的妹夫，但在政治立场上，樊哙并非吕后一党，而是丰沛功臣集团的一员。刘邦长逝，吕后曾经谋划诛戮功臣以根除叛乱隐患，她要针对的功臣中是包括樊哙的：

> 四月甲辰，高祖崩长乐宫。四日不发丧。吕后与审食其谋曰："诸将与帝为编户民，今北面为臣，此常怏怏，今乃事少主，非尽族是，天下不安。"人或闻之，语郦将军。郦将军往见审食其，曰："吾闻帝已崩，四日不发丧，欲诛诸将。诚如此，天下危矣。陈平、灌婴将十万守荥阳，樊哙、周勃将二十万定燕、代，此闻帝崩，诸将皆诛，必连兵还乡以攻关中。大臣内叛，诸侯外反，亡可翘足而待也。"审食其入言之，乃以丁未发丧，大赦天下。
>
> ——《史记·高祖本纪》

吕后对功臣的猜疑防范比刘邦更甚，而且，只有吕后才有能力制衡丰沛功臣集团，并且她的这种能力在先前诛杀韩信、彭越等异姓藩王的过程中已经被证明过了。刘邦那么嬖爱戚夫人，几次三番想让其子如意取代刘盈成为太子，为什么就是下不了决心？最重要的原因其实就在吕后身上：如意虽然"深肖朕躬"，但毕竟是个孩子；而刘盈纵然仁懦，他的母亲吕后却是个刚毅严猛的主子。如意和吕后，谁能确保刘邦死后刘姓江山不改名易姓,答案一目了然。

行文至此,我们已经用了极大的篇幅来阐述刘邦在生命的最后几个月里对西汉高层权力结构的观察以及对身后事的安排。得出他专倚吕氏、防嫌功臣的结论之后,此时再转回头去看那份"高祖遗嘱",我们就不难拆穿其中的谎言了:

> "王陵可。然陵少戆,陈平可以助之。陈平智有余,然难以独任。周勃重厚少文,然安刘氏者必勃也,可令为太尉。"
>
> ——《史记·高祖本纪》

王陵继曹参之后升任丞相,不可能是刘邦的遗愿。因为在丰沛功臣中,王陵与刘邦关系疏远,而跟那个刘邦深恨不已的雍齿却走得很近:

> (王)陵卒从汉王定天下。以善雍齿,雍齿,高帝之仇,而陵本无意从高帝,以故晚封,为安国侯。
>
> ——《史记·陈丞相世家》

至于"安刘必勃"这句话出自谁的杜撰,按照最大的受益人即最大的嫌疑人的逻辑去推论,周勃恐怕脱不了干系。这句话很可能是他发动政变、诛灭诸吕之后篡改官方档案的结果。

肆

我们如果站在周勃的角度去解读那份伪造的"高祖遗嘱",那么它将变得很有意思:在这段文字中,"刘邦"将曹参之后的辅政重任托付给了三个人,据排名依次是王陵、陈平和周勃,但"刘邦"对王陵和陈平的评价都以否定结束,只有周勃的考语是先抑后扬。为什么要说王陵"少戆"——太实诚,不懂权变?大概是指下面这回事:

> 太后称制,议欲立诸吕为王,问右丞相王陵。王陵曰:"高帝刑白马盟曰'非刘氏而王,天下共击之'。今王吕氏,非约也。"太后不说(悦)。问左丞相陈平、绛侯周勃。勃等对曰:"高帝定天下,王子弟,今太后称制,王昆弟诸吕,无所不可。"太后喜,罢朝。王陵让陈平、绛侯曰:"始与高帝喋血盟,诸君不在邪?今高帝崩,太后女主,欲王吕氏,诸君从欲阿意背约,何面目见高帝地下?"陈平、绛侯曰:"于今面折廷争,臣不如君;夫全社稷,定刘氏之后,君亦不如臣。"王陵无以应之。
>
> ——《史记·吕太后本纪》

汉惠帝刘盈驾崩后,公元前187年,吕后临朝称制,议封诸吕为王。君臣集议之时,右丞相王陵以白马之盟为由坚决反对诸吕封王的提议。可他的主张并没有得到同属丰沛功臣集团的周勃的响应。周勃曲徇了吕后的权威,对王陵釜底抽薪,导致王陵在廷议结束的一个月后被削夺了宰相的职权。王陵坚持白马之盟不肯妥协,从政治立场来说无可指责;周勃在关键时刻明哲保身,出卖战友,事实上干了一件并不光彩的事情,可他却说王陵"少戆",把王陵罢相的这口黑锅扣在了王陵自己头上。

委曲求全,暂从吕后,《吕太后本纪》说这本是陈平与周勃共同的选择,但"高祖遗嘱"却单把陈平一个人拎出来批评——"智有余"。这三个字翻译作白话,就是你很聪明,只可惜太聪明了一点。这并不是称赞陈平的智慧,而是指责他世故圆滑,望风梯荣。事实上,这是周勃对陈平的一贯评价。早在陈平刚刚投入汉军的时候,周勃就曾在刘邦面前这样告过陈平的刁状:

> 绛侯、灌婴等咸谗陈平曰:"平虽美丈夫,如冠玉耳,其中未必有也。臣闻平居家时,盗其嫂;事魏不容,亡归楚;归楚不中,又亡归汉。今日大王尊官之,令护军。臣闻平受诸将金,金多者得善处,金少者得恶处。平,反覆乱臣也,愿王察之。"
>
> ——《史记·陈丞相世家》

陈平和周勃的矛盾由来已久,但这个矛盾产生的根源并不是陈平世故而周勃质朴。他们二人的纷争说到底不是性格的分歧,而是刘邦身边的参谋集团与丰沛功臣集团的相互制衡。这套制衡机制正是刘邦为了巩固君权、抑制强臣而精心设计的。同是脱颖于秦末起义的枭雄,刘邦的驭人之术和老对手项羽相比可有霄壤之别。项羽任人唯亲的臭毛病举世皆知,从楚营投靠过来的陈平就说:

"项王不能信人,其所任爱,非诸项即妻之昆弟,虽有奇士不能用。"

——《史记·陈丞相世家》

和项羽不同,刘邦对丰沛功臣集团,也就是那帮自沛县起义便追随自己出生入死的老兄弟,从未给予他们毫无保留的信任。《史记·陈丞相世家》记载:

(陈)平遂至修武降汉,因魏无知求见汉王,汉王召入。……于是汉王与语而说之,问曰:"子之居楚何官?"曰:"为都尉。"是日乃拜平为都尉,使为参乘,典护军。诸将尽讙(喧),曰:"大王一日得楚之亡卒,未知其高下,而即与同载,反使监护军长者!"汉王闻之,愈益幸平。……汉王乃谢,厚赐,拜为护军中尉,尽护诸将。诸将乃不敢复言。

陈平最早是魏王咎的下属,后来转投项羽,继而又因项羽的猜忌,再从楚营叛变,前来刘邦帐下效力。对这样一个"三姓家奴",刘邦不但没有猜疑鄙视,反而任命他做汉军的监军使,盯着诸位将军,这个决定一下就让周勃等丰沛功臣炸了窝。他们指责刘邦轻信降虏,委任不当。但客观地说,这正是刘邦善于驭下的表现:陈平既然是从楚营叛变过来的,在汉军中便素无根基,让他监视丰沛功臣,事实上就杜绝了陈平结党营私的可能——丰沛功臣不满陈平的监督,必然对他施加强大的压力,这只会逼迫陈平更加紧随刘邦,否则他根本无法在汉军中立足。反过来说,丰沛功臣虽然追随刘邦多年,但其中如王陵、雍齿之辈对刘邦并不心悦诚服。这帮子旧臣多半手握兵权,不建立有效的监督机制,单靠乡党情谊,能约束他们不致举兵造乱吗?只有让不带兵的陈平和带兵的周勃们相互制约,刘邦的地位才最稳固。所以周勃们越是在刘邦面前中伤陈平,刘邦就越要重用陈平。陈平就像套在烈马嘴上的嚼子,马儿越是挣扎,嚼子须得勒得越紧。

伍

丰沛功臣集团是一个庞大的利益群体,就算刘邦授陈平以"尽护诸将"之权,单凭他一个人的力量也是看顾不过来的。因此,刘邦绝不可能只设陈平这么一个眼线,其他半路投靠刘邦的参谋顾问也会分担类似的使命,比如张良。公元前196年刘邦借任命相国的名义派五百卫队监视萧何;第二年亲征黥布,又令太子刘盈监视关中驻军,约束萧何的兵权。这些举措都始于张良的建议。萧何是丰沛功臣的领袖,在刘邦的乡党故人中势力最为强大。张良一再提醒刘邦防嫌萧何,他的作为其实与护军中尉陈平监视周勃等人没什么两样。

看明白了这点,我们才能理解,刘邦称帝后屡兴易储之念,为何太子刘盈的生母吕后要去求助于张良。从表面上看,自汉高祖二年(公元前205年)刘邦建储以来,太子和吕后长期待在后方,他们与坐镇关中、支援前线的萧何应该有更多的接触机会。至于张良,作为刘邦的战略参谋,长期追随刘邦在关外征战,与太子、吕后并无交集。吕后要结强援、保太子,为什么不找萧何,却找上了张良?这是因为,刘邦之所以不满意太子刘盈,是担心他性格仁懦,怕有朝一日自己撒手人寰,这个儿子驾驭不了以萧何为首的丰沛功臣,而张良屡次献计刘邦,要求对萧何的权力进行约束,为了达成这个目的,甚至提出让太子监军——敌人的敌人就是朋友,吕后不与张良结盟,她又该找谁呢?

同样是刘邦的顾问高参,同样肩负着制约丰沛功臣的使命,陈平的行事作风与故韩贵族出身的张良又有很大的不同。这个贫寒子弟有着比张良炽烈得多的功名欲望,却没有张良那么多贵族道德的约束与忌讳。为了超越自己的阶级,跻身上流社会,趋炎附势、改换门庭,甚至是攀缘裙带关系,这些张良很可能不屑、不齿的事,到了陈平这儿,百无禁忌:

> 及(陈)平长,可娶妻,富人莫肯与者,贫者平亦耻

> 之。久之,户牖富人有张负,张负女孙五嫁而夫辄死,人莫敢娶。平欲得之。……平既娶张氏女,赍用益饶,游道日广。

——《史记·陈丞相世家》

早年,陈平这个贫苦书生就是因为鼓起勇气娶了一个死过五任丈夫的富家女而掘到了人生的第一桶金。后来反秦起事,他又朝秦暮楚,几番跳槽。周勃在刘邦面前挤兑陈平,说他趋红踩黑、操守不谨,这倒也是陈平的作风,只是这样的人未必就用不得。相反,对刘邦和吕后来说,陈平的作用还不可或缺:

> 燕王卢绾反,上使樊哙以相国将兵攻之。既行,人有短恶哙者。高帝怒曰:"哙见吾病,乃冀我死也。"用陈平谋而召绛侯周勃受诏床下,曰:"陈平亟驰传载勃代哙将,平至军中即斩哙头!"……未至军,为坛,以节召樊哙。哙受诏,即反接载槛车,传诣长安,而令绛侯勃代将,将兵定燕反县。

> 平行闻高帝崩,平恐吕太后及吕嬃谗怒,乃驰传先去。逢使者诏平与灌婴屯于荥阳。平受诏,立复驰至宫,哭甚哀,因奏事丧前。吕太后哀之,曰:"君劳,出休矣。"平畏谗之就,因固请得宿卫中。太后乃以为郎中令,曰:"傅教孝惠。"是后吕嬃谗乃不得行。

——《史记·陈丞相世家》

在去世前两个月,刘邦听到了丰沛功臣樊哙将要造反的谣言,盛怒之下,他急命陈平陪同周勃前往伐燕前线,解除樊哙的兵权,并将其就地斩首。这一趟,陈平的使命本是监督周勃执行刘邦的命令。可走到半道,两人便改了主意:樊哙毕竟是刘邦的连襟、吕后的妹夫,既亲且贵,要是真杀了他,谁能保证刘邦过了气头不会后悔呢?不如把他绑回长安,让刘邦自己发落。于是,陈平传诏,把樊哙打入囚车,亲自解赴长安,留下周勃带兵。正在返京途中,陈平得到了刘邦逝世的噩耗。刘邦一死,太子嗣位,吕后必然掌权。这样一来,周勃、陈平奉命驰斩樊哙,很可能就被推到吕后的对立面上。照理说,陈平与周勃此时已经是一条绳上的蚂蚱,可陈平却没打算与周勃并肩战斗。他一听说刘邦去世,马上抛下周勃、灌婴等功臣外将,兼程返京,跑回吕后跟前献媚表忠心去了。这件事形象地反映了陈平一贯的行事逻辑:他既不甘心像张良那样淡出政坛,又没有丰沛功臣的根基深厚。要保住自己的立锥之地,陈平只能尽量靠向最有权有势的那个人——大树底下好乘凉嘛。陈平能为自己所用,对此吕后心知肚明。所以她非但没因为陈平受命监斩樊哙就敌视他,反而重用他为郎中令,并叮嘱说:"好好辅佐新君。"这番叮嘱意味着吕后接纳了陈平的投靠,将他划归为"自己人",与周勃诸将区别对待了。周勃在"高祖遗嘱"中大骂陈平是个滑头,恐怕就跟陈平半道撇下他,独自靠拢吕后的这桩旧怨不无关系。

陆

陈平既非周勃一党,又因身负监军之责而与丰沛功臣素有芥蒂,那为什么在伪造的高祖遗嘱中,他会跟王陵、周勃并列辅政三巨头呢?解释这个问题的时候我们必须注意到,自刘邦称王以后,丞相的职权就一直被丰沛功臣把持。虽然在某些特殊时期,刘邦也曾先后授予韩信、曹参、樊哙等统兵大将以相国或丞相的职衔,但真正行使丞相权力的始终是丰沛功臣的领袖萧何。

在西汉的政治体制当中,丞相的权力本来就极大,正如陈仲安、王素所言:

> 丞相有时称为相国,承秦而置,秩万石,金印紫绶,地位最高,为汉初第一高官。"掌承天子,助理万机",几乎无所不统,权力也最重。……当时不仅皇帝之未央宫中有殿,丞相府中也有百官朝会殿。皇帝要和丞相议论国家大事,还要亲临其殿。
>
> ——《汉唐职官制度研究》

丞相事权已重,而萧何自公元前205年起还被允许便宜行事、先斩后奏,这更助长了相权膨胀的趋势:

> 汉二年,汉王与诸侯击楚,(萧)何守关中,侍太子,治栎阳。为法令约束,立宗庙社稷宫室县邑,辄奏上,可,

> 许以从事；即不及奏上，辄以便宜施行，上来以闻。关中事计户口转漕给军，汉王数失军遁去，何常兴关中卒，辄补缺。上以此专属任何关中事。
>
> ——《史记·萧相国世家》

在中国历史上，君权与相权的矛盾本来就是痼疾。萧何手握这么重的权力，更兼族大宗强、盘根错节，这就难怪刘邦晚年一再猜忌于他，总想设法给他套上一副枷锁。萧何谢世前，推荐丰沛功臣集团的二号人物曹参接任相国，这是一个危险的苗头。如果任其发展，丰沛功臣集团就有可能垄断相权，不容他人染指。幸好萧、曹之间形不成年龄梯队，萧何薨逝三年后，曹参随之亡故，这才让吕后和惠帝从强势相权带来的窒息感中暂时解脱。萧、曹身后，丰沛功臣集团的其他成员暂时还不能匹敌他们二位的政治地位和影响力，这就为吕后削弱丞相权力提供了一个天赐良机。于是我们看到，萧、曹原任的相国一职旋即遭到裁撤，权力也由新设的左、右丞相和太尉来分担。虽然为首的右丞相仍被丰沛功臣的代表王陵占据，但吕后毕竟打破了丰沛功臣独霸相权的格局，成功地在相府中楔入了一根钉子，这根钉子就是——陈平。

公元前188年汉惠帝死后，正是陈平这根钉子帮助临朝称制的吕后冲破丰沛功臣的围堵，迈出了封王诸吕、重用外戚的第一步：

> 安国侯（王陵）既为右丞相，二岁，孝惠帝崩。高后欲

立诸吕为王，问王陵，王陵曰："不可。"问陈平，陈平曰："可。"吕太后怒，乃详迁陵为帝太傅，实不用陵。陵怒，谢疾免，杜门竟不朝请，七年而卒。

——《史记·陈丞相世家》

议封诸吕为王，王陵之所以坚决反对，绝不是因为他对刘邦和汉室有多么忠诚。当年刘邦与功臣议定的所谓"白马之盟"，是由两部分内容组成的：非刘姓不得王，非功臣不得侯。前者划定了宗室的专属利益，后者保障了功臣的特权地位。这个盟约彰显了一份建立在利益交换和相互妥协基础之上的政治默契。公元前147年，汉景帝之母窦太后拟封外戚王信为侯，景帝因此召周勃之子、时任丞相的周亚夫前来商议，周亚夫正是援引"白马之盟"阻断了王信的封侯之路：

窦太后曰："皇后兄王信可侯也。"……景帝曰："请得与丞相议之。"丞相议之，亚夫曰："高皇帝约'非刘氏不得王，非有功不得侯。不如约，天下共击之'。今信虽皇后兄，无功，侯之，非约也。"景帝默然而止。

——《史记·绛侯周勃世家》

外戚封侯的提议都不会被丰沛功臣集团接受，遑论越过列侯，直晋王爵。王陵虽然在高祖一朝并不得志，但他毕竟资历深厚，想当年刘邦发迹前还得规规矩矩叫他一声"哥"呢。现在刘邦不在了，吕后一介女流，居然要封吕家侄子为王?！那这些追随高皇帝出生入死的老功臣该往哪里摆？难道老子们浴血沙场、战功彪炳，还比不过两个攀缘裙带关系的后生小子吗？就因为这样，当吕后就诸吕封王一事向群臣征询意见的时候，第一个问到王陵，他当即出言否决。王陵当着群臣的面儿跟吕后杠上了，双方各执一词，互不相让，这时身为次辅的左丞相如何表态就成了左右胜负的关键。如果左丞相力挺王陵，那朝臣中排名第三的太尉周勃就会迅速跟进。三公合力反对吕氏封王，相权就有很大机会压倒君权，吕后的动议多半要夭折。可实际情况是，轮到左丞相陈平表态的时候，这个被吕后收入麾下的"自己人"旗帜鲜明地表达了对吕后的支持。陈平左袒吕后显然影响了周勃的立场，他为了保存实力，选择了退缩，抛下王陵孤立无援。于是一个月后，王陵罢相，吕氏封王遂成定局。

柒

陈平就像一柄利剑，无论多么纷繁复杂的政局，都有可能在他出鞘之时迎刃而解。但这柄剑也很危险，因为他两面出锋。陈平在权力场中沉浮多年，一贯是论势不论理，认权不认人。他的嗅觉比海船上的耗子还敏锐，一旦他察觉这条大船可能要翻，陈平会毫不犹豫地弃船逃生，另投新主。吕后在时，诸吕封王得益于陈平的支持；吕后物故，吕氏族灭也跟陈平的出卖脱不了干系；

> 太尉绛侯勃不得入军中主兵。曲周侯郦商老病，其子寄与吕禄善。绛侯乃与丞相陈平谋，使人劫郦商。令其子寄往绐说吕禄……吕禄信然其计，欲归将印，以兵属太尉。
>
> ——《史记·吕太后本纪》

为什么吕后刚一故去，陈平立马就与诸吕划清了界限？追根溯源，这得归咎于吕后当国之时的一项重大决策失误。本来刘邦去世的时候交到吕后和惠帝手里的是一个相对稳固的政权结构——因为有白马之盟的约束，分封各地的刘姓藩王与坐镇京畿的列侯功臣彼此掣肘，互相制衡。但吕后对这两派势力都不放心。她一面延续着刘邦防嫌功臣的遗策，打压以王陵为首的丰沛故旧；一面又忌惮刘姓藩王阴谋夺嫡、觊觎尊位，因此对刘邦的庶子们遍施雷霆。刘肥、刘如意、刘恢、刘友以及刘建诸王，或在生前，或在死后，都遭到了吕后不同程度的荼毒。尤其是刘恢、刘友兄弟俩因为反抗与吕氏联姻，含恨而终，死后他们的王爵与封国又被吕产、吕禄夺走，这在刘姓藩王中激起了极大的义愤。吕后薨逝的消息才出长安，齐王刘襄便高擎反吕大旗，传檄天下，剑指函关。颍阴侯灌婴本受相国吕产的委任，率兵前出荥阳，戡定齐乱，可他到了前线却与齐王刘襄达成密约，双方兵连势结，以待吕氏之诛：

> 相国吕产等乃遣颍阴侯灌婴将兵击之。灌婴至荥阳，乃谋曰："诸吕权兵关中，欲危刘氏而自立。今我破齐还报，

> 此益吕氏之资也。"乃留屯荥阳，使使谕齐王及诸侯，与连和，以待吕氏变，共诛之。齐王闻之，乃还兵西界待约。
>
> ——《史记·吕太后本纪》

灌婴的倒戈使得军事优势明显地倾向了反吕同盟，吕氏就要遭遇灭顶之灾了。覆巢之下，焉有完卵？此刻仍属吕氏阵营的大臣们如果不设法与其尽快切割，就得给吕家陪葬。

正在这个胜负易手的关键时刻，周勃主动找到了陈平——他需要陈平的帮助。因为长安的宫廷卫队和京畿卫戍部队也就是南北二军还在吕产、吕禄的掌握之中。不设法解除二人的兵权，欲除吕氏，不易成功。策反陈平，夺取兵权，然后发动政变，族灭吕氏，周勃选择这种方式，其代价和风险显然比召唤灌婴、刘襄联兵进京，杀得血流成河要小得多。以陈平的精明，他当然看得出诸吕大势已去。联合周勃，缴纳"投名状"，已是他"弃船逃生"的最后机会。于是陈平与周勃谋议，使人劫持了年迈的曲周侯郦商，逼迫他的儿子、吕禄的至交郦寄去诓说吕禄交出兵权。吕禄轻信了郦寄的说辞。他原本指望交出北军的指挥权能换得刘姓藩王和丰沛功臣的谅解，避免他们误会吕氏造反，联手灭吕。可他万万没有想到，一场恐怖的大屠杀在北军移交周勃之后便开始了。吕氏家族的所有成员以及与吕氏有血缘之亲的外姓，无论男女，无论老幼，悉数死在了周勃的屠刀之下。诸吕血流成河，陈平却蘸着他们的鲜血，染红了自己的簪缨，摇身一变，成了戡乱功臣。

在陈平的一生中,诛灭诸吕是他与周勃之间仅见的一次合作。虽然双方为了共同的政治利益暂时走到了一起,但这种合作关系注定不会长久。"陈平智有余,然难独任",伪造的高祖遗嘱中的这句话已经表明丰沛功臣不会真心接纳陈平成为他们当中的一员。这个精明的政治投机者是时候寻找自己的下一个投靠目标了,而他新锁定的贵人就是刚刚登基的汉文帝刘恒。

诛灭诸吕的真实内幕,刘恒和他的代国属僚就算不完全清楚,也应该知道梗概。因为接到进京继位的邀请后,刘恒召集代国群臣商议对策,郎中令张武等人就曾对刘恒发出过预警:

> 丞相陈平、太尉周勃等使人迎代王。代王问左右郎中令张武等。张武等议曰:"汉大臣皆故高帝时大将,习兵,多谋诈,此其属意非止此也,特畏高帝、吕太后威耳。今已诛诸吕,新喋血京师,此以迎大王为名,实不可信。愿大王称疾毋往,以观其变。"

——《史记·孝文本纪》

周勃借发动政变、族灭吕氏之机,不但攫取了军政大权,而且还将汉惠帝遗下的庶子悉数铲除,手段之残忍,令人发指。对这样一位危险的"首席功臣",汉文帝优礼尊敬的表象底下其实潜藏着深刻的戒心。谁能帮他制衡周勃呢?还得是陈平。于是乎,我们就看到了本章开头的那一幕:陈平以退为进,向文帝呈上了一份病休申请，表明自己愿意将丞相之位让与周勃。这是个一石二鸟的计策：一面向文帝剖白，是周勃的跋扈逼迫他让出首辅之位，其实他与周勃绝非一党；一面在抹黑周勃之余，向文帝展示了自己谦逊低调、"淡泊名利"的姿态，以博取文帝的信任。果然，文帝没舍得让陈平辞职，把他安顿在了次辅左相的位置上。一个月后，文帝与陈平在朝堂上演了一出双簧，联手挤兑首辅右相周勃。戏罢，周勃被迫请辞，首相之位重又回到了陈平的手中：

> 居顷之，孝文皇帝既益明习国家事，朝而问右丞相勃曰："天下一岁决狱几何？"勃谢曰："不知。"问："天下一岁钱谷出入几何？"勃又谢不知，汗出沾背，愧不能对。于是上亦问左丞相平。平曰："有主者。"上曰："主者谓谁？"平曰："陛下即问决狱，责廷尉；问钱谷，责治粟内史。"上曰："苟各有主者，而君所主者何事也？"平谢曰："主臣！陛下不知其驽下，使待罪宰相。宰相者，上佐天子理阴阳，顺四时，下育万物之宜，外镇抚四夷诸侯，内亲附百姓，使卿大夫各得任其职焉。"孝文帝乃称善。
>
> 右丞相大惭，出而让陈平曰："君独不素教我对！"陈平笑曰："君居其位，不知其任邪？且陛下即问长安中盗贼数，君欲强对邪？"于是绛侯自知其能不如平远矣。居顷之，绛侯谢病请免相，陈平专为一丞相。
>
> ——《史记·陈丞相世家》

一年以后,经历过无数腥风血雨的老政治家陈平无疾而终,走完了自己传奇的一生。失去了陈平的制衡,周勃卷土重来,再登宰相之位。他原以为陈平死了,对他掣肘多年的枷锁总算可以解脱。可当他再入朝堂的时候,一个新的顾问高参已经在文帝身边扮演起了陈平的角色,这个年轻人的名字,叫——贾谊。

汉文帝与贾谊

壹

公元前179年,也就是汉文帝刘恒登基改元后的第一年,一个二十岁出头的年轻人被汉文帝特旨从洛阳召来京师,成为西汉帝国最年轻的博士官。他的名字叫贾谊。

作为战国大儒荀卿的再传弟子,博通诸子、文采斐然的贾谊对西汉初年这个充斥着浓烈的草莽气息的朝廷大概是不太满意的。

西汉是中国历史上出现的第一个平民政权,上自皇帝,下到文武百官,其中许多人都曾是光着泥腿子的贫贱阶级:高祖刘邦与两任名相萧何、曹参原先不过是秦朝的低级吏员,陈平、王陵、陆贾、郦商这些在汉初政坛上叱咤风云的人物发迹前甚至连基层公务员都没当过。

跟随刘邦造反之前混得最惨的估计要数周勃：堂堂七尺男儿只能靠编织蚕山糊口，用度不足的时候还得在出殡的队伍里客串乐手，挣几个散钱贴补生活。

翻出西汉开国君臣的这些贫贱往事并不是要嘲笑他们的出身——英雄不问出处，一个能够从尘埃里一路平步青云的英雄人物当然有他值得尊敬的地方。但是，这些没有接受过正经教育，缺乏礼乐观念的平民猝然当政，的确让这个新建的国家显得不那么"有规矩"，这一点，甚至让高祖刘邦都感觉头疼得紧。

《史记·刘敬叔孙通列传》里说，因为建国以来朝仪不修，在高祖亲自主持的宴会上，这些鸡犬升天的开国功臣饮酒争功，放肆喧哗，甚至当着皇帝的面拔剑击柱。要知道，秦朝的老规矩可是寸兵不得上殿的！现如今明晃晃的刀剑就在鼻尖下舞弄，眼前的光景或许让刘邦想起了鸿门宴上的旧事，他开始担心了。

已经在刘邦身边韬晦了好几年的故秦博士叔孙通趁机向皇帝进言："打江山不得不倚仗斗士，守江山却必须重用儒生。要使上下有序，尊卑有别，制定朝仪的事儿您交给我办。"

"不会太复杂吧？"

"陛下放心，朝仪因时制宜，不必照抄前朝那些烦琐的老规矩。只要顺应世事人情而稍加约束，纳入规范就好。"

"那你试试。要求就一条：简单点儿，拣我能整明白的做。"

到了汉高祖七年（公元前200年）的岁首，长乐宫宣告竣工。在庆祝宫殿落成的朝会上，因为有了叔孙通的礼仪约束，诸侯王以下莫不振恐肃静，再无人敢喧哗失礼。刘邦非常满意，对叔孙通感叹道："皇帝的尊贵，我今儿才算咂摸出点滋味来！"

虽然司马迁在《刘敬叔孙通列传》的赞论中极口称赞叔孙通与时俱进，为古老的儒家思想在新朝找到了一席之地，但反过来想想，连行礼如仪这么简单的行为规范，刘邦君臣学起来都这么艰难，要让这帮子平民新贵理解儒家思想博大精深的内涵并贯彻到执政行为中去，实在任重而道远。老迈的叔孙通已经担不起这份沉重的历史责任了，将这个因陋就简的草台班子改造成冠冕堂皇的文治政府，时代呼唤着一位新的改革家的出现。

贰

成为西汉文治更化的总设计师，年轻的博士官贾谊是有这份志向的。《史记·屈原贾生列传》中说，每当朝廷下令让博士官讨论政题，老资格的先生们往往缄口不言——我倒不认为是他们真的智术浅短、乏善可陈，更可能的原因或许是鉴于前车，明哲保身：秦始皇焚书坑儒，埋葬的那四百六十几条人命，不就是非议朝政的诸生吗？这些从前朝走过来的读书人，看过血淋淋的往事，对"祸从口出"四个字恐怕不得不保留三分敬畏。

和沉默不语的老先生相比，没有历史包袱的后生贾谊表现得锋芒毕露，口若悬河。因为对策每每得到汉文帝的称赏，短短一年之内，他便从秩比六百石的博士官破格升任秩比千石的太中大夫。

在正统的儒家政治思想中，革故鼎新之后，新朝的当务之急应该是改正朔，也就是从历法上更定一年的岁首是哪一天。西汉大儒董仲舒曾经说过：

> 王者必改正朔，易服色，制礼乐，一统于天下，所以明易姓非继人，通以己受之于天也。
>
> ——《春秋繁露·三代改制质文》

中国自古以来便有"通天者王"的传统。一个新生政权是否具有合法性，视乎它是否享有天命，是否独占通天之道。而颁告正朔正是天命所归的象征。只有制定了新的正朔，才能彰显新朝的治统不是攘夺自前朝，而是真正受到了上天的眷顾。

以刘邦、萧何为代表的西汉君臣一方面在治国思想上受到秦朝遗法的强烈影响，另一方面又对儒家的礼法观念缺乏深刻理解，因此，自建国以来，西汉王朝一直沿用秦朝的正朔，即以十月为每年的岁首。暴秦无道，二世而亡，肇兴的西汉王朝竟然遵用亡秦的正朔，这是贾谊万万不能接受的。因此，升任太中大夫之后，贾谊随即向汉文帝上书，提出了自己的改革计划：

> 贾生以为汉兴至孝文二十余年，天下和洽，而固当改正朔，易服色，法制度，定官名，兴礼乐。乃悉草具其事仪

法，色尚黄，数用五，为官名，悉更秦之法。

——《史记·屈原贾生列传》

面对贾谊提出的宏图远略，刚刚上台的汉文帝委婉地表示了拒绝：

孝文帝初即位，谦让未遑也。

——《史记·屈原贾生列传》

皇帝的意思是，这些文治改革的措施不是不能施行，但眼下条件还不成熟，且得等上一等。那么，汉文帝刘恒在等什么，究竟是什么迟滞了他的改革决心呢？

《史记·袁盎晁错列传》记载了这么一个故事：

"诸吕之乱"中诛灭吕氏，拥立文帝登基的首席功臣周勃，在汉文帝上台之后被任命为右丞相，成为百官之首。每当朝会散场，趋出殿门的时候，周勃都洋洋自得，而文帝总是恭恭敬敬地亲自送他离去。

冷眼旁观的袁盎问文帝："陛下觉得丞相是什么样的人呢？"因为袁盎的兄长袁哙同周勃私交甚笃，或许是顾忌到这层关系，文帝客客气气地回答说："丞相是扶危济倾的社稷之臣。"让他没想到的是，骨鲠忠直的袁盎接下来说出了这么一番话：

"周勃充其量只能算是功臣，绝对够不上社稷之臣的资格。所谓社稷之臣，主在臣在，主亡臣亡，必定要与国家同呼吸，共命运。从前吕后临朝之时，执意要打破高皇帝留下的'白马盟誓'，封诸吕为王，那个时候他周勃身为太尉，执掌兵权，不能犯颜直谏，匡正朝纲，反而明哲保身，阿意顺从。直到吕后驾崩，大臣们纷纷起来反对诸吕，周勃只是因为手里有兵，才侥幸抢占了消灭诸吕的首功。他私心太重，为自己考虑得太多。现在因为拥立有功，周勃不把陛下放在眼里，而陛下呢，还这么一味抬举他。臣主失礼，冠履倒置，这样下去是要出麻烦的。"

周勃恃功骄主，以强势的相权压迫着皇帝的权威，这一点汉文帝不是不清楚。但更麻烦的是，军功起家的周勃对礼遇儒生学士，建设文治政府表现出强烈的抵触情绪。司马迁说周勃为人"厚重少文"，每逢与儒生对话，总是极不耐烦地责令他们："长话短说，赶紧的！"

汉高祖刘邦给嗣君留下的本来就是一个军人政府，所谓"汉大臣皆故高帝时大将"（《史记·孝文本纪》），周勃正是这个军人政府的领袖。不先把他这块绊脚石搬掉，文治更化无从措手。所以与贾谊一样对文治改革满怀憧憬的汉文帝按捺着性子安抚贾谊，叮嘱他要"等一等"。汉文帝必须首先展开政治布局，打破周勃的权威，为即将到来的改革扫清道路。

关于汉文帝的这一点考虑，贾谊可能不是非常清楚。

在他走入仕途之前的十五年里，汉廷在吕后的威权政治下遍洒血雨腥风，翻开《史记·吕太后本纪》，那字里行间透露出的尽是刺鼻的血腥味。但司马迁在《吕太后本纪》的赞论中说：

> 孝惠皇帝、高后之时，黎民得离战国之苦，君臣俱欲休息乎无为。故惠帝垂拱，高后女主称制，政不出房户，天下晏然，刑罚罕用，罪人是希，民务稼穑，衣食滋殖。

司马迁说，当权力高层正进行着你死我活的激烈斗争时，底层社会却因为汉初与民休息、无为而治的政策保持着太平稳定的局面。这就好比暴风雨中的海洋，海面上虽然狂风骤雨，惊涛骇浪，海底却水波不兴，恬适安详。

入仕前的贾谊就是身处海底的人，所以当他给汉文帝上书提出改革计划的时候，开篇便说"汉兴至孝文二十余年，天下和洽"。对于高层权力斗争的险恶局势估计不足，这已经为贾谊日后的仕途挫折埋下了伏笔。

虽然汉文帝表面上客客气气地称许周勃为"社稷之臣"，但他心里其实很清楚：诛灭吕氏事件的实质就是以周勃为首的功臣集团发动的一场政变。所以，即位伊始，文帝同周勃等开国功臣争夺政治主导权的斗争就已经在暗中进行了。

就在即位的当天，文帝刘恒赶在黄昏时分匆匆忙忙地进了未央宫，随即在夜里发出诏书，任命跟随他从代国来京的中尉宋昌为卫将军，实际接管了南军与北军两支在诸吕政变中发挥关键作用的京畿卫戍部队，解除了周勃的兵权。紧跟着，代国旧臣张武被任命为郎中令，皇宫的宿卫由此再添了一把锁钥。紧锣密鼓地把这些事情都办妥之后，文帝才算吁了一口气，定一定神，坐在未央宫的前殿发布了新皇登基，大赦天下的诏书。

虽然周勃在文帝的登基大典之后被任命为右丞相，益封万户，压过了旧相陈平，成为朝廷的领班大臣，但是长期担任军职的周勃对这份新工作显然很不适应。

《汉书·陈平传》记载，汉文帝在某次朝会上询问右相周勃："全国一年要判决多少刑事案件？"

周勃答不上来。

又问："那一年要收支多少钱谷？"

周勃又答不上来。

当着满朝文武的面连着交了两张白卷，惶愧之下，周勃汗出浃背。

没有得到答案的汉文帝转头又问左相陈平。陈平回答说："这些事儿都是有负责人的。"

"是谁？"

"陛下要了解司法决狱，问廷尉；要知道钱谷收支，问治粟内史。"

"工作都让别人干了，你当宰相干什么呢？"

"宰相的职责是协助天子，上理阴阳，下顺物宜，外抚四夷诸侯，对内亲附百姓。"

文帝称赞道："好！"

散会之后，恼羞成怒的周勃劈头盖脸地指责陈平："你平时怎么不教我该咋回话?!"

望着周勃那张因为愤怒而扭曲的脸，陈平不禁哑然失笑："嗨呀，你当着朝廷的首相，连自己的工作职责都不清楚吗？那今天皇帝要是问京城里有多少盗贼，您还能硬着头皮报出实数来？"

知道怎么掌兵却不知道该怎么掌印——恰是因为周勃手握宰相的权力又不会玩，才给了文帝扳倒他的机会。

在登基改元的当年十二月，文帝便开始出招了。

当月，文帝不顾大臣们的反对，指示相关部门废除了"收帑相坐律令"。所谓"收帑"，就是一人犯法，全家连坐，没为官奴婢。之所以要在此时废除这条律令，其目的应该是要控制对诸吕残余势力的清算范围。在周勃等人此前发动的政变中，对以吕氏家族为首的政敌采取了非常决绝的打击手段。吕氏一门，无论男人、女人、老人，甚至孩子，都被尽数铲除，无一幸免。

作为新任皇帝，刘恒显然不能放任这样的血腥杀戮无限制地扩大下去，酿成严重内讧。废除相坐法，就是要摆出一种不同于周勃等政变功臣的仁慈姿态，收拾人心，为自己争取舆论支持。

但是客观地说,文帝的这一步棋或许为自己赢得了一个好名声,可虚名毕竟敌不过实权。盘踞于公卿显爵之位的政变功臣们很快就发起了反击,时间是在文帝元年正月:

> 正月,有司言曰:"早建太子,所以尊宗庙,请立太子。"
>
> ——《史记·孝文本纪》

司马迁并没有说明这里的"有司"具体指哪些人。宋代大儒吕祖谦解释道,"有司"指的应该是周勃、陈平等开国功臣,早建太子的目的是避免"孝惠帝继嗣不明之祸"。

吕祖谦是从积极的方面去理解周勃等人的动机的,但我却怀疑周勃他们私下里还有不可告人的目的。因为《史记·外戚世家》载,就在文帝入主未央宫的短短三个月内(从时间上算,正好是从文帝登基元年的十月岁首到正月公卿上奏建储的这段日子),已故代王后为文帝诞下的四位嫡子先后死去。至于死因,《史记》只含混地说了一句"更病死",再无更多交代。种种迹象表明,已故代王后很有可能是吕后的家族成员(关于这个问题的考证,请参看"孝文建储"一章)。虽然她在文帝登基之前就已身故(至于是自然死亡还是人为导致,则有疑问),但她的四个儿子毕竟还流淌着吕家的血脉。早将汉惠帝诸子斩草除根的周勃等人是不会养虎遗患,放这四位皇子一条生路的。所以,"有司"在文帝元年正月里上奏建储的举动,我更愿意把它理解为逼宫——逼迫文帝处死自己的四位嫡子,而立庶长子刘启为嗣君。

如果事实真是这样,那么文帝在一番博弈之后终究不能不曲徇政变功臣的意志,无疑会令他感到,倘若不能在三公九卿之中遍植亲信,而放任这些重要的朝职为政变功臣所把持,那他这个皇帝是做不稳当的。

所以,到了六月,文帝才又做出了第二个重要的决定:发布诏书,提拔自己在代国时期的旧班底全面进入权力中枢。先前已经担任卫将军的宋昌被封壮武侯,另外六人官职皆至九卿。这意味着虽然朝中的三公即左、右丞相和太尉仍然由诛吕政变中的三巨头周勃、陈平和灌婴三人把持,但在九卿当中,代国旧臣已经占据大多数的席位,三巨头有渐被架空的趋势。

直到此时,汉文帝才渐渐有了底气,开始正面向周勃等人发起挑战了:

> 封淮南王舅父赵兼为周阳侯,齐王舅父驷钧为清郭侯。
>
> ——《史记·孝文本纪》

根据《史记·吕太后本纪》的记载,周勃等功臣在发动政变消灭诸吕之后,曾经就拥立哪位刘姓诸侯王继承大统展开过讨论。大家最早想到的人选是首先起兵反对诸吕的齐王刘襄。但是因为刘襄的舅舅驷钧是个让功臣们忌惮的狠角色,他们担心齐王即位之后,驷钧会成为像吕氏那样的强势外戚,从而威胁到功臣们的既得利益,所以把齐王否掉了。也因为类似的原因,淮南王刘长同样没能成为即位人选。

现在文帝发布诏书,封赵兼和驷钧为侯,这是一个高明的两手策略:一方面,以此向齐王刘襄和淮南王刘长示好,力图与他们结成政治同盟,联手应对政变功臣,避免从前吕氏同功臣和刘姓诸侯两方势力同时为敌的孤立处境;另一方面,向周勃等政变功臣发出明确的示威信号——敌人的敌人就是朋友,你们说不能用的人我就偏要用!

在政治上缺乏敏感性的周勃或许没有立刻接收到这个信号,但他身边的人显然看出了其中的危险,于是劝说周勃道:

> "君本诛诸吕迎代王,今又矜其功,受上赏,处尊位,祸且及身。"
>
> ——《史记·孝文本纪》

面对着文帝一系列快、准、狠的组合拳,周勃只能无奈地上表请辞。于是,在首相的位置上待了不到一年,他便被文帝拉下了马。

肆

虽然在一年之后,因为陈平的薨逝,周勃又再度回到丞相任上,但这时他的政治影响力与第一次拜相的时候已经不可同日而语了。

主持西汉的文治改革,周勃显然不是适当人选,汉文帝心中真正心仪的公卿辅臣是贾谊。但是,就在贾谊距离公卿之位仅一步之遥的时候,他与汉文帝却功亏一篑。

事情的起因是这样的。

几乎就在周勃回到相位的同时,汉文帝颁布了这样一道诏令:

"朕闻古者诸侯建国千余,各守其地,以时入贡,民不劳苦,上下欢欣,靡有遗德。今列侯多居长安,邑远。吏卒给输费苦,而列侯亦无由教驯其民。其令列侯之国,为吏及诏所止者,遣太子。"

——《史记·孝文本纪》

这道诏书表面上的意思是,当时的列侯并不像诸王一样多居住在自己的封国,他们普遍定居在长安,这样一来,侯国的赋税收益只能通过长途运输的方式转输京师以供列侯们享用,这造成了极大的财力与民力的浪费。为了扭转这种靡费的现状,皇帝要求列侯们原则上都要回到自己的封国去居住,在京担任官职或者皇帝特旨慰留的，可以派遣太子代替之国。

文帝颁布这道诏令始于贾谊的建议。贾谊之所以给皇帝提出这个建议，一方面可能有以农为本、爱惜民力的考量，但更重要的原因恐怕是他认为，要实现西汉政府的文治改革，必须首先刷新吏治。在汉文帝即位之初，京官的主体仍然是高祖时代从龙起兵的军功贵族。这些曾经战功显赫的将军们如果还待在朝中担任要职，那么这个政府的底色就始终只能是军人政府。

要建立文治政府必须重用文官。这道列侯就国的诏旨一旦颁布，在京赋闲的将军们将从此被排除在京官的行列之外。而现任官职的将军们，一旦老病死亡，他们那些已经去了封国的"军二代"也就很难再回来顶替父辈的职务了。这样一来，由开国将军们腾出来的空缺将由新晋的文官迅速填补。

这是一道足以让西汉政治版图天翻地覆的诏令，它是要拿整个开国功臣集团开刀，执行起来将会遭遇多大的阻力，可想而知。但是一向稳健的汉文帝对此似乎缺乏充分的估计和准备，在尚未实现列侯之国的情况下就急不可耐地向群臣提出了这样一个动议：让贾谊升任公卿。

本来列侯之国就是贾谊的建议，这已经使他同整个功臣集团的关系趋于紧张。现在文帝提出让贾谊出任公卿，功臣们当然会认为贾谊建议皇帝颁诏是为了抢夺他们的权力。于是周勃、灌婴、张相如、冯敬乃至整个功臣集团便联合起来向皇帝施压，把

他们的不满发泄在贾谊的身上。他们说:

"雒阳之人,年少初学,专欲擅权,纷乱诸事。"

——《史记·屈原贾生列传》

自战国以来,洛阳风俗轻薄,惯于经商逐利,所以洛阳学子往往在政坛上表现出强烈的功利心态,其中的典型代表是战国时代以追名逐利而闻名的纵横家苏秦。现在功臣们说贾谊"雒(洛)阳之人,专欲擅权",显然是认定贾谊撺掇皇帝让列侯之国是出于私心,为自己攫取政治权力。

面对整个功臣集团的集体施压,汉文帝被迫弃车保帅,将贾谊贬谪出京,担任长沙王太傅,以此来平息功臣们的怒火。可以说,正是因为文帝爱才心切,急于提拔,才让贾谊成为众矢之的,造成了他仕途上的最大挫折。

贬谪贾谊,是周勃领衔的功臣集团组织的一场对汉文帝文治改革的阻击战。虽然在这场激烈的博弈中周勃成功地放逐了贾谊,但是他和汉文帝之间从此就结下了深深的梁子。

就在贾谊被贬出京之后不久,汉文帝前元三年(公元前 177 年)十一月,文帝下达诏令[①]:

[①] 《史记》《汉书》并未说明贾谊被贬与周勃之国两件事孰先孰后。《资治通鉴》将周勃之国系于贾谊被贬之前,这恐怕是难以成立的,因为《史记·屈原贾生列传》和《汉书·贾谊传》都明明提到建议贬谪贾谊者为"绛、灌、东阳侯、冯敬之属",绛侯周勃倘若已经之国,他又怎能与灌婴等人联名参劾贾谊呢?故而此处的叙述将贾谊被贬调整到了周勃之国以前,不从《资治通鉴》的时间表。

> "前日遣列侯之国，或辞未行。丞相朕之所重，其为朕率列侯之国。"
>
> ——《史记·孝文本纪》

本来上一年列侯之国的诏令规定的是不在朝担任官职的在京列侯之国，现在却要让正担任丞相的绛侯周勃率先之国以为表率，这份诏书明摆着就是冲周勃来的，目的是要罢免周勃，报复他之前率领功臣逼迫皇帝贬谪贾谊的行为。

于是，第二次出任宰相之后仅仅十个月，周勃就再度罢相，回到了封国，这时他自己也清楚和文帝之间的矛盾已经很难缓和。因此每当河东官吏巡行绛县，周勃就像惊弓之鸟一样，常常被甲执兵，生怕被朝廷诛杀。这里面可能还有更深的原因，本书后面的章节还会分析；但是他和家人们总是全副武装地接待地方官员，这实在是愚蠢地授人以柄。果然，朝廷很快就收到了有关周勃谋反的举报，周勃随即被逮赴廷尉进行拷问。

以彼之道，还施彼身。当初周勃诬陷诸吕谋反，现在这一招转而被用在了他自己身上，这可算是绝大的讽刺了。关于周勃谋反这件事，连文帝的母亲薄太后都不相信。在文帝请安的时候，质朴的老太太顺手抓起一张头巾愤怒地掷向儿子，骂他说："当初周勃手握皇帝印玺，掌管北军的时候都没谋反，现在住在一个河东小县城，反倒谋反了?!"

面对太后的愤怒，揣着明白装糊涂的文帝也只是冷冷地说：

"司法部门审查之后就会放他出来的。"

周勃可能不会想到,在他身陷囹圄的时候,直言进谏,请求皇帝尊礼大臣的人正是他当初中伤过的贾谊。

和深陷在愤怒与仇恨之中的文帝不同,贾谊是一个思维冷静、极有风度的人。他之所以要上书请求文帝尊礼大臣,是因为在贾谊的观念中,要建设一个文明而廉洁的文治政府,必须培养大臣们的职业荣誉感和自豪感。只有这样,才能让他们自觉地维护自己的身份和体统,抗拒蝇营狗苟的政治恶行。而要教化大臣,皇帝和朝廷必得先拿出足够的尊重,不能像驱使牛马那样奴役他们。

正是为了实现文治更化的远大理想,贾谊放下了汉文帝放不下的私人恩怨。虽然汉文帝与贾谊分属君臣,但从思想境界上说,仁智兼修的贾谊已经超越了尘俗的爱憎,他绝对是那个时代堪为帝师的第一流人物!

伍

宣室求贤访逐臣,
贾生才调更无伦。
可怜夜半虚前席,
不问苍生问鬼神。

——《贾生》

李商隐的这首名诗在评价汉文帝与贾谊的君臣际遇时，显然将汉文帝形容为一个不识才、不纳谏的不明之君，而贾谊则成了怀才不遇、有志难伸的悲剧典型。

虽然李商隐的这首诗不排除有影射时政的考虑，但他借贾谊的"悲剧"来做话题，则很可能是受到了《史记·屈原贾生列传》的影响。

司马迁将贾谊与屈原合为一传，很容易让人联想到贾谊出贬长沙就是屈原流放汨罗的悲剧翻版。但这并非事实。汉文帝不是楚顷襄王。对于贾谊的才华，他自始至终都充满欣赏；重用贾谊是他从未放弃过的打算。

当初，因为急于提拔贾谊担任公卿，遂使得他成为列侯功臣发泄愤怒的标靶，现在文帝将他贬谪长沙，当然有弃车保帅、平息众怒的考虑，但另一方面也有让他暂时淡出权力核心，避避风头的意思。——吴氏长沙国是当时仅存的异姓诸侯，远离京畿，不易引人注意。

三年以后，周勃罢相之国，灌婴溘然长逝。如释重负的汉文帝又将贾谊召了回来，并在宣室接见了他。于是便有了李商隐《贾生》中描写的那一幕：

当天，刚刚收到祭祀福胙的汉文帝跟贾谊聊起了鬼神的起源。一直聊到夜半，文帝的兴致都没有丝毫衰歇。他越听越入迷，情不自禁地把自己的座席移向了贾谊。在会见结束之后，文帝感叹说:"这么长时间没有见到贾谊,我以为自己已经超过他了,今天才知道原来还是赶不上!"

李商隐对汉文帝在这次会见中选择的话题很不满意。他认为汉文帝应该抓住这次难得的机会同贾谊谈一点有关国计民生的重大问题,没想到汉文帝却选择了不着边际的鬼扯。但在我看来,这恰恰是汉文帝在政治上日臻成熟的表现。他没有在这次会见当中急于同贾谊商讨军国大计,应该有两个方面的考虑:

其一,贾谊离京的时间并不很长,三年前被功臣集团围攻的场景还历历在目,汉文帝应该是惩于前鉴,才没有单刀直入、问计军国的。他聪明地选择了一种类似"乒乓外交"的迂回方式来展开谈话,避免政敌的敏感。文帝说"我以为自己已经超过他了",表明他对自己在政治上的进步和成熟是有自信的。

其二,在贬谪长沙之前,贾谊的仕途可说是一帆风顺:从帝国最年轻的博士官起步,一年之内越级提拔为太中大夫,甚至一度成为公卿大臣的后备人选。他的才华毋庸置疑,但没有经历过重大挫折的贾谊是否具备坚韧的意志品质,在被贬长沙之后他会不会日渐消沉,乃至自暴自弃,文帝的心里没有底。

因此,在这次接见贾谊的时候,汉文帝有必要先做一番考察。"不问苍生问鬼神",就是要把自己的倾向隐藏起来,站在相对客观的立场上评估一番,今天的贾谊还是不是他心中那个才华横溢、计深虑远的青年政治家?"今天才知道原来还是赶他不上"，文帝的感叹显示，贾谊的这次面试成绩是优秀的。

既然贾谊以优秀的成绩通过了面试，自然要为他重新安排工作。在这个问题上，汉文帝也着实费了一番心思。

就在宣室会谈之后不久，汉文帝的任命便下达了：贾谊从长沙王太傅调任为梁王刘揖的太傅。

从表面看，贾谊并没有获得职务上的升迁，只不过从长沙国被调到了梁国。但这次调动背后的意义却非比寻常。

梁怀王刘揖是汉文帝最喜欢的小儿子。鉴于太子刘启的几位嫡兄弟都先后夭折，为防他再有不测，刘揖极有可能是作为太子的替补人选被封到梁国去的。我之所以做出这个推断，理由主要是两条：

其一，汉景帝前元七年（公元前150年）十月，栗太子刘荣因故被景帝废黜，当时窦太后也曾有意支持立梁孝王刘武为嗣君。窦太后的考虑，应该同她的丈夫汉文帝刘恒大同小异：在诸侯环伺、如履薄冰的形势下，如果刘启因为意外的原因不能继续执政，国家需要一个强有力的成年君主来控扼各方势力。在这种特定环境之下，父死子继，不如兄终弟及。

其二，文、景时期的前后两任梁王——梁怀王刘揖和梁孝王刘武身份都有特殊性：刘揖是汉文帝最喜欢的小儿子，刘武则是窦皇后最喜欢的小儿子。皇帝与皇后不约而同地将自己最中意的少子封到梁国，绝非巧合。在梁怀王刘揖意外堕马身亡之后，贾谊曾经向汉文帝上书指出：面对东方日益尾大不掉的刘姓诸王，梁国是藩屏中央、保卫关中最重要的前沿阵地。虽然刘揖无后，但皇帝应该把其他亲生儿子调往梁国，否则齐、赵等诸侯将难以控扼。

正是在贾谊的建议下，汉文帝将淮阳王刘武徙封于梁。当时的梁国北界泰山，西至高阳，实际控制大县四十余城。贾谊的这一布局在日后平定七国之乱的过程中发挥了关键作用。吴王刘濞率领的叛军正是为梁国的金城汤池所阻，不能越而西进，最终师老兵疲，被周亚夫一举击溃。

梁国的地位如此重要，梁王作为候补嗣君的身份如此特殊，汉文帝将贾谊派往梁国做太傅，显然大有深意。

或许有人会提出质疑，为什么汉文帝不直接派贾谊担任太子刘启的老师呢？其实这里头的考虑跟汉文帝"不问苍生问鬼神"的初衷是一致的。贾谊是功臣集团的眼中钉，他要是做了太子刘启的老师，传递出的政治信号太敏感，不但贾谊将重新成为众矢之的，甚至连太子刘启都有可能成为功臣集团的攻击对象。

在接班人的问题上，汉文帝的布局是深思熟虑的结果：太子刘启和太子家令晁错是未来的皇帝和宰相人选，而梁王刘揖和他的太傅贾谊则是替补皇帝和替补宰相的人选。贾谊头上的这个"替补"标签恰是文帝对他的爱护。同时我们还不应该忽视的是，晁错能做太子家令，本身就缘于贾谊在《治安策》中提出的"选天下之端士孝悌博闻有道术者以卫翼之，使与太子居处出入"的建议，他本人也是贾谊削藩政策的坚定支持者。

从上述分析我们可以看出，贾谊的所谓"悲剧"是不存在的。仅仅三年的时间，去长沙兜了一圈回来的贾谊就重新受到了汉文帝的重用。

陆

鲁迅曾经说过，《史记》是"史家之绝唱，无韵之《离骚》"。从前我一直认为这个评价纯是积极的意思，也就是说司马迁发奋著史，其中蕴含着同《离骚》一样感天动地的悲剧力量。

但是，在仔细分析过《屈原贾生列传》的叙述之后，我的看法发生了转变。我开始意识到，鲁迅说的其实是正反两方面的意思：从积极的方面说，《史记》的文笔往往饱含感情，它对仁人志士的记载与评论足以令千年之后的读者扼腕叹息；但从消极的方面说，也正因为司马迁在著文的过程中寄托了过分强烈的爱憎，他对历史人物的认识与评价可能偏离相对客观的立场。《屈原贾生列传》正是典型地暴露出了这个问题。在这篇传记中，司马迁做了这样的记载：

> 文帝复封淮南厉王子四人皆为列侯。贾生谏，以为患之兴自此起矣。贾生数上疏，言诸侯或连数郡，非古之制，可

稍削之。文帝不听。

这段记载的内容有不少失实之处。

在汉文帝执政的二十四年里，对皇权形成重大挑战的主要是两方势力：一是以周勃为代表的开国功臣集团；二是以齐国和淮南国为代表的刘姓诸侯王。汉文帝一生的执政经历也因为同这两方势力的斗争而明显地分为前后两个阶段。

在前一阶段的执政过程中，汉文帝的主要精力放在了削弱开国功臣的事情上。"列侯就国"与"周勃罢相"是其中的标志性事件，而这源于贾谊的建议与策划，我已经在前文中说过。

而后一阶段，汉文帝主要着手控制与削弱刘姓诸侯，这同样是在贾谊的指导精神下进行的。在著名的《治安策》当中，贾谊向文帝提出了这样一个斩钉截铁的论断：

"夫树国固必相疑之势，下数被其殃，上数爽其忧，甚非所以安上而全下也！"

贾谊的论断是：从保障国家安全和维护社会稳定的角度说，封建诸侯是一个极其错误的政策，因为诸侯国同中央政府的矛盾根本不可调和。

不可否认，汉高祖刘邦逝世前留下的让异姓功臣与同姓诸侯相互制约的权力结构曾经为西汉前期的政治稳定做出过重要贡献，甚至汉文帝的顺利继位都源于这一高祖遗策的作用，但我们也不能因此就批评贾谊对封建诸侯的判断太过武断。因为在功臣集团的三巨头陈平、灌婴已经去世,而周勃又被罢废的情况下,功臣集团实质上已经趋于瓦解,他们对刘姓诸侯的制衡作用正在消失。汉文帝前元三年(公元前177年)和前元六年(公元前174年)济北王刘兴居和淮南王刘长的先后谋反已经明确无误地显示:日益膨胀的诸侯势力正在构成对皇权最严峻的挑战。

贾谊正是在这种情况下及时向汉文帝提出了"削藩"的主张。至于具体的策略,一言以蔽之,曰"众建诸侯以少其力",也就是以类似后世"推恩令"的方式将庞大的诸侯国拆分为若干小国,改变目前干弱枝强的危险局面。

上引司马迁的记载正是有关这个政策的推行情况。这一记载本身就前后矛盾:司马迁说贾谊上书建言诸侯国封地太大,应当削藩,汉文帝对此表示拒绝;但他又说文帝在淮南王刘长死后封他的四个儿子为列侯,这四个同日封侯的淮南王子,其中三位健在者后来三分了淮南国的故地,建立了三个小国,也就是说,封淮南四子为侯这件事本身就是按照贾谊"众建诸侯以少其力"的指导思想办的。非但淮南国,高祖时代留下的最大诸侯国即号称"东秦"的齐国甚至被汉文帝肢解为七个小国,这更足以证明文帝原则上采纳了贾谊的削藩建议而非全盘否决。

至于说在淮南国的封建问题上贾谊同汉文帝产生了意见分歧,按照《汉书·贾谊传》的记载,真实情况应该是这样的:

淮南王刘长因谋反被贬病死之后,在如何处置淮南封国的问

题上,汉文帝希望按照"众建诸侯以少其力"的办法将淮南国肢解,分封给刘长的儿子们,但贾谊对此表示反对。反对的理由有两条:

其一,淮南王刘长是因为谋反而被贬,最后病死的,现在朝廷重新分封逆臣的儿子,无异于打了自己的脸,天下舆论必将因此提出质疑:究竟是从前对刘长的谋反案处理错了呢,还是现在分封淮南诸子的决策错了呢?

其二,刘长的死已经让他的儿子们同文帝结下了杀父之仇,现在就算把他们分封为王,等到这些孩子长大之后,他们也必将因为共同的仇恨而联合起来反对中央,也就是说"众建诸侯以少其力"的策略在淮南分封这个特殊问题上不起作用。

汉文帝最终没有接受贾谊的建议很可能是出于对舆论的顾忌。淮南王刘长是文帝仅存的兄弟,在决定将他贬往蜀地之前,袁盎就曾经提醒过文帝,刘长性情刚烈,一旦被摧折至死,天下人一定会将"杀弟"的罪名扣在皇帝的头上。文帝不听,结果不幸被袁盎言中了。列祖列宗在前,千秋史册在后,文帝当然不愿意担这个"杀弟"的恶名,于是硬着头皮封刘长的三个儿子为王,要为自己的疏漏圆个场,结果却给淮南地区留下了直到汉武帝时期还反复发作的诸侯谋反的痼疾。

但是从本质上说,汉文帝同贾谊在淮南问题上的意见相左只是一个局部的技术分歧,而不是宏观的战略分歧,不能因此就说贾谊是怀才不遇，而汉文帝是师心自用。所以班固在《汉书·贾谊传》的论赞中特别批驳司马迁道：

> 谊亦天年早终，虽不至公卿，未为不遇也。

就像欧阳修在《昼锦堂记》中说的那样，"仕宦而至将相，富贵而归故乡"只是凡夫俗子对仕途成败的评价标准，至于真正有理想有情怀的政治家，并不看重爵禄的隆替，而更看重他们的政治主张能否得到伸展，能否实现安邦定国的宏愿。从这个意义上说，贾谊是成功的！

司马迁对贾谊的"悲剧形象塑造"更像是借别人的酒浇自己的愁。李商隐说贾谊"不问苍生问鬼神"，虽然在典故的使用上违背了"校练务精、捃理须核"（《文心雕龙·事类》）的原则，但是从著述体例上说，"诗言志"，诗歌是用来抒发作者的情感和志意的，容许主观性解读。可是司马迁的《史记》是正史，著述体例要求"实录"。把客观记载型的正史写得像主观宣泄型的诗歌，就算它是"无韵之《离骚》"，那也已经是违例了。

如果说贾谊的一生还有遗憾，那么最大的遗憾就是他的生命太过短暂。无论汉文帝在贾谊身上寄托了多少期待，无论他怎样费尽心机地保护贾谊，他无法预测到的是，公元前173年，梁怀王刘揖会不幸坠马，意外身亡。这个意外事件对贾谊的打击非常大。身为太傅的贾谊因为自责过度，在公元前168年黯然离世，死时年仅三十三岁。

贾谊的死让汉文帝失去了文治改革最重要的良师益友。此后，孤独的他也曾一度尝试按照贾谊最初给他的建议，"改正朔，易服色，法制度，定官名，兴礼乐"。但是公元前163年，赵国人新垣平以望气邪说粉饰太平的把戏被揭穿之后，所托非人的汉文帝绝望了，他知道自己不可能找到第二个贾谊，他和贾谊未竟的文治更化大业，将留待后来者去继续成就……

一桩谋杀案

壹

公元前177年,四月的暖阳在初曙时分照进了幽暗的未央宫。忽然,一阵急促而细碎的脚步声打破了周遭的静谧。一个慌慌张张的奏事太监后脚绊着前脚,抢入宫门来。衣袖过处,宫灯里的残火戛然熄灭,一缕轻烟刚刚升起,便像见了光的游魂似的消散在风中。

"禀报皇上,大事不好啦!"

这一声响动在大清早听来分外刺耳,就像一股寒气猛地蹿上了后脊梁,让汉文帝刘恒不禁打了一个冷战。

"出什么事了?!"

"辟阳侯审食其在家中遇刺,人头现在已到阙下了。"

青天白日,朗朗乾坤,在京师首善之区,竟然有人敢对卸任才三年的故丞相辟阳侯审食其下此毒手,不但入室行刺,还公然悬首阙下。是什么人这样胆大妄为呢?

"凶手抓到了没有?"

"抓……倒也不用抓。他此时正跪在宫门前,等着领您的罚呢。"

"你这说的是谁呀?"

"淮南王——刘长。"

刘长,汉文帝刘恒仅存的手足弟兄——想当年,高祖皇帝刘邦遗下的八个子嗣,经过吕后一朝的劫难,如今就只剩刘恒、刘长二人而已。三年前吕太后驾崩,太尉周勃联合丞相陈平等人发动了针对辅政大臣吕产、吕禄的宫廷政变,凡是吕氏家族的人,无论老幼男女,悉数沦为周勃等人的刀下冤魂。三年的光阴过去了,朝廷内外,京城之中,血腥的记忆已被渐渐淡忘。可谁承想,审食其人头落地又让当年的恩怨沉渣泛起。

淮南王刘长为何不顾朝廷体面、藩王之尊,对审食其私刑杀戮呢?司马迁在《史记·淮南衡山列传》中解释道:

> 高祖八年,从东垣过赵,赵王献之美人。厉王母得幸焉,有身。赵王敖弗敢内宫,为筑外宫而舍之。及贯高等谋反柏人事发觉,并逮治王,尽收捕王母兄弟美人,系之河内。厉王母亦系,告吏曰:"得幸上,有身。"吏以闻上,上方怒赵王,未理厉王母。厉王母弟赵兼因辟阳侯言吕后,吕

后妒，弗肯白，辟阳侯不强争。及厉王母已生厉王，恚，即自杀。

刘长和审食其的恩怨说来话长。追根溯源，还得从刘长那苦命的母亲赵姬说起。二十二年前，也就是公元前199年，汉高祖刘邦东征韩王信的途中路过赵国。当时的赵王张敖因为娶了刘邦和吕后的亲生女儿鲁元公主，想表示一点女婿对老丈人的孝敬，遂摆开最隆重的排场迎接刘邦的驾临。早在青年时代，刘邦贪恋女色便是尽人皆知的事，连鸿门宴上一心要刺杀他的范增都说"沛公居山东时，贪于财货，好美姬"（《史记·项羽本纪》），此时虽然已近暮年，但风流秉性或许仍是未改。要知道，自战国以降，赵国美女的艳名便远播天下，于是乎张敖便投其所好，向刘邦进献了一位美人，这个女人便是后来淮南王刘长的母亲赵姬。

刘邦在赵国短暂的临幸，让赵姬怀了身孕。照常理说来，这本有可能为她的命运带来一线曙光——汉文帝刘恒的母亲薄姬从前也很卑微，她原是刘邦击灭魏豹之后虏获的战俘，就因为刘邦偶然的一次临幸诞下代王刘恒，日后便成了代国太后。几年过去，刘恒入主未央宫，做了皇帝，薄姬母凭子贵，居然取代吕后，享受到了母仪天下的尊贵。只可惜，赵姬没能等来命运这样的青睐，一个针对刘邦的刺杀阴谋的意外曝光让她被卷入了无情的牢狱之灾。

就在刘邦逗留于赵国的那段时间里，女婿张敖对他毕恭毕敬，周到备至。而刘邦呢，哪怕已经贵为天子，仍然脱不了从前混迹江湖的那身痞子气，动不动就对张敖言语相欺，厉声呵斥，这让赵国群臣充满了愤怒。当时赵国的股肱之臣有不少都是前任赵王张耳的门客，他们对刘邦的底细再清楚不过了。想当年刘邦还没发迹的时候，为了要在江湖上博得一点名誉，不止一次从遥远的沛县跑来梁地随侍张耳，争取这位魏国名士的提携，每回一待就是好几个月。如今虽然刘邦已是飞龙在天，俯瞰众生，但对老大哥张耳的儿子张敖也不能一点体面都不留吧？抚今追昔，让人怎能不生愤懑？于是以贯高、赵午为首的诸位大臣在没有征得赵王张敖同意的情况下悄悄制订了针对刘邦的刺杀计划，结果不幸败露，不但张敖受到连累，甚至赵王阖府的女眷也一并被送往异地监押了起来。

　　此案爆发的时候，身怀六甲的赵姬已近临盆之期。她被收监以后，弟弟赵兼辗转曲折，找到了吕后身边的幸臣辟阳侯审食其，求他去请吕后的大驾，向刘邦说情。可病急乱投医的赵兼没摸准吕后的心思。吕后此时年老色衰，最担心的就是那些年轻漂亮的小狐狸精勾走了丈夫的魂儿。赵姬与刘邦虽是露水情缘，但她万一诞下皇子，不难得到一个正式的名分，到时候后宫便又多了一个情敌，吕后怎肯为敌人求情？赵兼的请求被一口回绝，而看到吕后决绝的姿态，识趣的审食其也不敢再争。就这样，赵姬含着屈辱，在监狱里诞下了刘长，而后羞愤自尽。

关于赵姬的死，《史记》所讲述的原委中有一个关键的细节含混不清，那就是赵姬陪侍刘邦的时候究竟是什么身份。司马迁说"赵王献之美人"，"美人"可以作两种不同的解释。最常见的理解是把它当作美女的泛称。倘若照这种理解，那赵姬不但生得美貌，而且性格也相当刚烈。在赵姬身陷囹圄的那段时间里，她曾托狱吏向刘邦报告，说自己已经怀上了他的孩子。而刘邦此刻正因刺杀案对张敖蓄有盛怒，"未理厉王母"。"未理"，也就是暂时无心理会，将赵姬的请求搁置了起来。从后来的处置看，刘邦此时显然没有下定决心抛弃刘长母子，否则他不会在赵姬自杀后将刘长交予吕后抚养。如果仅仅是因为刘邦的回应迟了，赵姬便在狱中愤而自裁，那她的性格之刚强，恐怕连吕后也要自愧弗如。

但我并不倾向于这种理解。我更愿意相信，赵姬在侍寝刘邦之前本来就是赵王宫内的嫔妃之一。所谓美人，正是嫔妃的一种正式称号，汉武帝刘彻之母王氏没被册立为皇后之前，就是汉景帝刘启身边的"王美人"。从司马迁对赵姬之死的叙述看，至少有两处细节可以佐证赵姬为赵王嫔妃的身份。

首先，刘邦离开赵国后，张敖得知赵姬怀了身孕，于是"赵王敖弗敢内宫，为筑外宫而舍之"，专门建一处宫殿供怀孕的赵姬居住而不让她住在赵王宫内，这显然是一种特殊的安排。那么反过来推论，赵姬原本就该是住在赵王宫内的，那她当然也就是张敖的嫔妃之一。其次，刺杀案爆发后，张敖的亲属都受到了连坐，《史记》载，连坐的范围是"尽收捕王母、兄弟、美人"，也就是张敖的母亲、兄弟和嫔妃都在逮捕之列——至于王后，因为那是吕后的女儿，所以不入于罪。赵姬受此牵连被关进了河内郡的监狱，那她只能是以赵王嫔妃的身份遭到连坐的。

作为女婿，张敖连自己的嫔妃都献出来供刘邦享乐，卑躬屈膝的姿态实在是不能再低，无怪乎赵国群臣眼见刘邦对张敖无礼，会表现得如此愤怒。而赵姬先侍张敖，再侍刘邦，同时与翁、婿二人有染，身不由己地被投入了一段乱伦的关系当中，这个不幸的女子在狱中羞愤自杀，原因多半还在此处。

贰

淮南王刘长自袖铁锤，入辟阳侯府锤杀审食其的血案在公元前177年的京师长安引起了普遍的恐慌。上至薄太后和太子刘启，下到朝中文武百官都对勇悍的刘长侧目而视。审食其死后，刘长随即驰赴阙下，表面上是负荆请罪，其实是向皇兄汉文帝控诉审食其的三宗重罪，暗指其死有余辜：

"臣母不当坐赵事，其时辟阳侯力能得之吕后，弗争，罪一也。赵王如意子母无罪，吕后杀之，辟阳侯弗争，罪二也。吕后王诸吕，欲以危刘氏，辟阳侯弗争，罪三也。臣谨为天下诛贼臣辟阳侯，报母之仇，谨伏阙下请罪。"

——《史记·淮南衡山列传》

从律法的角度严格审视刘长的这份"诉状"，里面控诉审食其的"三弗争"罪状均呈现出一个共同的特征——它们不是指向审食其的作为，而是指向他的不作为。并且，分析这三次不作为，我们其实很难判定，审食其究竟是不想有所作为，还是真的难有作为。刘长之母赵姬因为贯高谋逆案被牵连入狱，审食其不是没有在吕后面前为赵姬疏通，但吕后妒性太强，性格刚烈更是举朝皆知，审食其不敢强谏也情有可原。至于戚姬和赵王如意母子，他们本来就因夺嫡之争与吕后结下深仇，连吕后的亲儿子汉惠帝都不能阻止母亲对戚姬和如意的疯狂报复，凭什么认定审食其能让吕后回心转意？再说诸吕封王之事。根据《史记》的相关记载，吕后当年提出这个动议，首先被请来征询意见的大臣不是审食其，而是王陵、陈平两位丞相和太尉周勃。陈平、周勃也不是不知道高祖皇帝与群臣的白马盟誓，"非刘氏而王，天下共击之"，可他们仍然违心地附和了吕后的意愿。诸吕势败，曾经附议诸吕封王的陈平和周勃都成了功臣，凭什么就因为审食其的不反对便入之于罪？

刘长一再强调审食其有能力在诸多重大政治事件中影响吕后的决策，很容易造成一种错觉，即审食其同那个"企图颠覆刘姓天下"的吕氏家族是一党。但事实却是，审食其充其量只是吕后一个人的心腹。吕后刚一驾崩,她的侄儿吕产、吕禄便削夺了审食其的权力。根据《史记·汉兴以来将相名臣年表》,公元前180年七月吕后驾崩,就在当月辛巳,左丞相审食其便转任太傅。参考从前丞相王陵因反对诸吕封王而被吕后调任太傅的先例,审食其的这次调任意味着他实际上已被吕氏架空,丞相权力让新任相国吕产夺了过去。正是由于这个原因,在两个月后发生的宫廷政变中,审食其并没有左袒吕氏。汉文帝刚一登基,便恢复了审食其的丞相职务,也间接说明了审食其的政治立场。

汉文帝复任审食其为丞相,等于将他视作政变功臣的一员。而如今刘长却不请圣旨,滥用私刑,文帝又将作何处置呢?《史记·淮南衡山列传》载:

> 孝文伤其志,为亲故,弗治,赦厉王。

特赦淮南王,似乎表明汉文帝并不支持刘长的申诉理由,也不认可他的犯罪行为,只不过出于议亲之故,免除了他的处罚而已。要照这个裁决看来,冤死的审食其该是无辜的。可接下来,汉文帝的所作所为却让人看不懂了:

> 孝文帝时,淮南厉王杀辟阳侯,以诸吕故。文帝闻其客平原君(朱建)为计策,使吏捕欲治。闻吏至门,平原君欲自杀。诸子及吏皆曰:"事未可知,何早自杀为?"平原君曰:"我死祸绝,不及而身矣。"遂自刭。

——《史记·郦生陆贾列传》

正如我们在前文中分析的那样,刘长谋杀审食其一案爆发后,汉文帝似有左袒审食其的意思。可他既然认定审食其是无辜的,又为什么要下令逮捕审食其的门客朱建?连审食其都没有被宣布任何罪状,朱建又为什么要在收到风声之后仓促自尽?临死前,朱建对儿子们交代说:只有我死了,这场灾祸才能终结,不至于连累你们。言下之意,如果他不死,汉文帝有可能实施族诛。究竟朱建犯了什么案子,惹得汉文帝盛怒如此?司马迁解释说,是因为朱建曾经为审食其出谋划策的缘故。这很容易让人联想到淮南王刘长申诉的第一宗罪——当年刘邦监押赵姬,审食其本有可能请动吕后解脱赵姬的桎梏,但他没有为此尽力,这难道是因为朱建的劝阻吗?然而,赵姬被监押以至于自尽,那是高祖一朝的旧事了,而朱建成为审食其的门客乃在刘邦去世之后,显然,司马迁所谓的"计策"不可能指向赵姬之死。这个语焉不详的"计策"是如此神秘,追随着它指引的线索挖掘下去,汉文帝即位前后的诸多政治黑幕都会因此一点一点地被揭露出来。

虽然我们不能遽尔论定司马迁所谓的"计策"确指何事,但从朱建与审食其的交往经历看,他早先曾对投入审食其门下为客表示过抗拒:

> 平原君(朱建)母死,陆生(陆贾)素与平原君善,过之。平原君家贫,未有以发丧,方假贷服具,陆生令平原君发丧。陆生往见辟阳侯,贺曰:"平原君母死。"辟阳侯曰:

> "平原君母死，何乃贺我乎？"陆贾曰："前日君侯欲知平原君，平原君义不知君，以其母故。今其母死，君诚厚送丧，则彼为君死矣。"辟阳侯乃奉百金往税。列侯贵人以辟阳侯故，往税凡五百金。
>
> ——《史记·郦生陆贾列传》

朱建与审食其的交往，从一开始便是审食其采取主动。可是当他表达出交好的愿望后，朱建甚至不愿与他会面。直到朱建的母亲去世，审食其在陆贾的建议下差人送去重礼，才将朱建揽入门下。陆贾说"平原君义不知君，以其母故"，这句话很容易让人联想到《史记·刺客列传》中的大侠聂政。当年的聂政也曾受到濮阳严仲子的知赏——严仲子因为得罪了韩国国相侠累，畏罪逃亡，想要寻一名得力的刺客向侠累复仇，看中了聂政。聂政很清楚，严仲子所要拜托他的是桩九死一生的亡命差使。顾虑到自己死后，老母无人赡养，聂政并没有第一时间答应与严仲子结交。直到母亲去世，聂政才终于接过了严仲子递来的橄榄枝。如今又来了一个朱建，又是因为赡养老母的缘故拒绝了权贵的结交，那么投入审食其的门下，朱建也会遭遇与聂政相似的危险吗？关于这一点，在朱建第一次拒绝审食其的结交请求处，司马迁写道：

> 平原君为人辩有口，刻廉刚直，家于长安。行不苟合，义不取容。辟阳侯行不正，得幸吕太后。时辟阳侯欲知平原

君，平原君不肯见。

——《史记·郦生陆贾列传》

朱建一开始拒绝与审食其结交是因为审食其"行不正"。何为"行不正"？或许下面的这段记载可以为我们的推断提供一点线索：

> 辟阳侯幸吕太后，人或毁辟阳侯于孝惠帝，孝惠帝大怒，下吏，欲诛之。吕太后惭，不可以言。大臣多害辟阳侯行，欲遂诛之。

——《史记·郦生陆贾列传》

这一段记载中的吕后和汉惠帝与我们对这两个人的固有印象大相径庭。吕后的刚毅强势是出了名的，而她的儿子惠帝则有些懦弱，以致刘邦因为他这软弱的个性多次起念要改立嗣君。刘邦驾崩后，名义上是惠帝当国做主，但在诸多政治博弈中他都拗不过吕后的懿旨，以致郁郁而终。可这一回，惠帝表现出了难得一见的强悍，居然要将辟阳侯审食其下狱诛杀。要知道，当年楚汉战争的时候，吕后曾被楚军俘虏，在长达两年的监禁中，是审食其一直不离不弃地陪伴在吕后的身边，也因此成为吕后最信赖的心腹。如今惠帝听了旁人的谗言，竟要置审食其于死地，而吕后居然不敢出手相救。到底惠帝听到了什么呢？宋儒真德秀说审食其有"渎乱宫闱之丑"（《大学衍义》），换作今天的话说，就是吕后与审食其之间可能存在不正当的男女关系。恐怕也只有这件事能够引得懦弱的汉惠帝骤起杀心。审食其下狱后,门客朱建马上找到了惠帝最宠幸的宦官闳孺,威胁他说:现在外面风传是你向皇帝进了谗言,要杀辟阳侯。如果不幸辟阳侯真的死了,太后震怒,你恐怕也难逃一刀!害怕遭到吕后报复的闳孺只得听从朱建的建议,去向惠帝说情,从刀口下救回了审食其。解铃还须系铃人。闳孺身为宦官,职在宫禁,能探得吕后与审食其的宫闱隐私并不奇怪。而奸情一旦曝光,吕后私心惭愧,面对儿子的羞愤,求情的话当然不好意思说出口。万一奸夫真的死了,吕后也只能把满腔怒火发泄在长舌的宦官闳孺身上。事情的始末恐怕该是这样。

吕后的奸夫——审食其就因为这个特殊的身份才得到了吕后的信任。如果说淮南王刘长控诉审食其的那份"三弗争"的罪状中存有什么事实成分的话,那就只能是这个。要知道,刘长之母下狱自杀后,高祖刘邦可是将刚出生的刘长交给吕后去抚养的。惠帝刘盈都听说了吕后和审食其的奸情,刘长会对此一无所知吗?

做吕后的奸夫并不容易,因为这个敏感的身份为审食其树立了众多的政敌。《史记·高祖本纪》载:

> 四月甲辰,高祖崩长乐宫。四日不发丧。吕后与审食其谋曰:"诸将与帝为编户民,今北面为臣,此常怏怏,今乃事少主,非尽族是,天下不安。"人或闻之,语郦将军。郦

> 将军往见审食其,曰:"吾闻帝已崩,四日不发丧,欲诛诸将。诚如此,天下危矣。陈平、灌婴将十万守荥阳,樊哙、周勃将二十万定燕、代,此闻帝崩,诸将皆诛,必连兵还乡以攻关中。大臣内叛,诸侯外反,亡可翘足而待也。"审食其入言之,乃以丁未发丧,大赦天下。

高祖刘邦去世后,对列侯功臣深怀戒惧的吕后曾与审食其密谋,要将这些人尽数诛除。虽然这个计划最终因为郦商的劝谏而被紧急叫停,但审食其与列侯功臣的政治裂痕却难以弥缝。所以惠帝将审食其投入死牢,列侯功臣都乐得推波助澜,必欲杀之而后快。不但是这些人,吕后的娘家侄子们也不会对姑姑的这位不光彩的姘夫青眼相待。吕后刚死,吕产即行解除了审食其的丞相职权便是明证。

前有百官为敌,后与诸吕有隙,审食其的处境之艰险可以想见。朱建当初不愿轻易投入他的门下为客,缘故恐怕端在此处。但在诛灭诸吕的那场政潮当中,前后受敌的审食其却奇迹般地安全过关,没有为吕氏殉葬,这当中,那个有先见之明的朱建应该起到了至关重要的作用:

> 吕太后崩,大臣诛诸吕,辟阳侯于诸吕至深,而卒不诛。计画所以全者,皆陆生、平原君之力也。
>
> ——《史记·郦生陆贾列传》

在这里,司马迁又一次提到朱建为审食其出过计策,但这条计策的具体内容究竟是什么，仍然没有说明。值得注意的是，司马迁说朱建所出的计策曾有陆贾的参与。而在《郦生陆贾列传》中，司马迁还记载了这样一件事情：

> 吕太后时，王诸吕，诸吕擅权，欲劫少主，危刘氏。右丞相陈平患之，力不能争，恐祸及己，常燕居深念。陆生往请，直入坐，而陈丞相方深念，不时见陆生。陆生曰："何念之深也？"陈平曰："生揣我何念？"陆生曰："足下位为上相，食三万户侯，可谓极富贵无欲矣。然有忧念，不过患诸吕、少主耳。"陈平曰："然。为之奈（奈）何？"陆生曰："天下安，注意相；天下危，注意将。将相和调，则士务附；士务附，天下虽有变，即权不分。为社稷计，在两君掌握耳。臣常欲谓太尉绛侯，绛侯与我戏，易吾言。君何不交欢太尉，深相结？"为陈平画吕氏数事。陈平用其计，乃以五百金为绛侯寿，厚具乐饮；太尉亦报如之。此两人深相结，则吕氏谋益衰。

眼见吕氏家族与列侯功臣的矛盾日益尖锐，担心会在接下来的政治冲突中惹火烧身的可不止审食其一个人，丞相陈平也在为此苦恼。陈平本是吕后一党，又与丰沛功臣的领袖周勃结有宿怨。吕后一死，诸吕势孤，陈平不愿做他们的陪葬，可改换门庭又苦于无路可投。正在这当口，陆贾适时的穿针引线弥缝了陈平与周勃的前隙，促成了二人的同盟，这才把陈平推上了后来的政变三巨头的地位。

朱建投入审食其门下为客本来就有陆贾的一份助力,而他在吕产、吕禄擅政之时为审食其所出计策又有陆贾的参与,可以推想,这条计策的内容应该与陆贾为陈平所出的那条大同小异,核心就是要抛弃诸吕,与周勃等列侯功臣联合起来。唯其如此,才能保证审食其在政变中安然无恙。

可惜的是,审食其这个投机分子虽然借着朱建的帮助在政变当时逃过了清算,但他做下的诸多有违于"政治正确"的前科却在三年后因为淮南王刘长的行刺案而逐渐暴露。宋儒胡宏说审食其犯有"死诛不赦之罪"(《知言》),朱建帮助这个罪人逃脱制裁该是件多么危险的事,恐怕与当年聂政从严仲子那里领受的使命相比也不遑多让。所以当汉文帝追究的消息传来,不明就里的儿子们还抱着遇赦的希望劝朱建且再等等看,朱建就只留下一句"我死祸绝,不及而身",便义无反顾地选择了自尽。

孝文建储

壹

公元前180年九月,汉都长安城中弥散的血腥味尚未散尽。就在一个月前,权焰熏天的外戚吕氏遭到了以周勃、陈平为首的功臣集团的血洗。无论男女,无论老幼,只要是高后吕雉的娘家人,悉数人头点地,沦为刀下冤魂。

恐怖的大屠杀才刚刚过去,六乘驿车便风尘仆仆地驰抵长安东北的渭桥畔。遥遥望见驿车,自丞相陈平以下,群臣纷纷下跪,拜谒称臣,太尉周勃更是近前将天子玺符径直呈了上去。

头一辆驿车上坐着的正是汉高祖刘邦的第四子,被封为代王的刘恒。他从代国千里迢迢远赴长安,只因为收到了周勃、陈平等人的邀请:朝中群臣愿在大乱之后奉他为主、执政当国。

新皇登基的三个月后,一道重要的旨意自未央宫传出,昭告天下。《史记·外戚世家》载：

> 孝文帝（刘恒）立数月，公卿请立太子。而窦姬长男最长，立为太子。

汉文帝刘恒册立的新太子是窦姬所生长子刘启，也就是后来的汉景帝。司马迁说，立刘启为嗣，是因为在文帝的诸位皇子中，他年龄最长。要照这样说起来，刘启做这个太子似乎当仁不让。但如果我们更细心地考察一下汉文帝的家室，就会发现：依据立嫡以长的宗法继承原则，刘启远不是嗣君的第一顺位人选。他能够当上这个太子，该说是喜从天降——就像父亲刘恒。高祖皇帝遗下的这把龙椅，本来也轮不到庶出的老四来坐，刘恒当国，那是捡了周勃政变、诛灭诸吕的便宜。刘启和父亲刘恒一样也是庶出，若论成为嗣君的资格，排在他前面的原本还有四位嫡出的皇子：

> 代王独幸窦姬。生女嫖，后生两男。而代王王后生四男。先代王未入立为帝，而王后卒。及代王立为帝，而王后所生四男更病死。
>
> ——《史记·外戚世家》

司马迁的这段记载，无论怎么读都让人感觉文字间透着一股蹊跷的意味，因为有两个疑点实在不好解释：

首先，按照司马迁给出的时间表，刘恒的正妻早先为他诞下了四位嫡子，而这四位嫡子在刘恒称帝的时候，也就是公元前180年九月依然健在。可是到了册立太子的公元前179年正月，四位皇子却悉数病故，于是乎太子的桂冠才落到了庶出的刘启头上。要知道，从刘恒登基到册立太子，这期间只有短短的三个月。三个月内四位皇子相继病逝，这么罕见的突发状况是什么原因造成的？遗传疾病或者大规模传染病的可能性似乎可以排除，因为《汉书·文三王传》显示，汉文帝庶出的四个儿子——太子刘启、梁孝王刘武、代孝王刘参和梁怀王刘揖这时可都全须全尾、生龙活虎的，为什么疾病就跟长了眼睛似的，偏偏找上嫡出的四位皇子呢？

另一个费解的疑点是，汉文帝刘恒虽然和正妻生了四个儿子，但他们的夫妻感情并不好。司马迁说刘恒只对刘启的母亲窦姬情有独钟。不爱嫡妻爱庶妻，这种情况在刘恒的儿子和孙子——汉景帝刘启、汉武帝刘彻身上也发生过。刘启废掉了原配薄氏，而刘彻对青梅竹马的陈阿娇，也在中途背弃了"金屋藏娇"的诺言。可汉景帝和汉武帝冷落原配的主要原因都是皇后生不出儿子来。要这么一比较，汉文帝刘恒的那位原配夫人可就有点冤了。自公元前196年刘恒立为代王，到公元前180年黄衣称朕，扣除未成年的时间段（刘恒大约生于公元前203年，立为代王时年八岁），他的原配夫人在短短数年内为他连生四子：一面对正妻冷若冰霜，一面又不断与她行房生子，刘恒的感情生活怎么会扭曲成这个样子?

除了上述两个疑点外,还有一个我们不得不追究的问题:即位三月,四子病故,接连遭遇沉重打击的汉文帝为何还要选在这个时间点上仓促建储?谁能保证太子刘启不会成为下一个被病魔缠上的不幸者?

据《史记·孝文本纪》所载,建储并非自文帝起念,而是始于有关部门(有司)的提议:

> 正月,有司言曰:"蚤建太子,所以尊宗庙。请立太子。"……有司皆固请曰:"古者殷周有国,治安皆千余岁,古之有天下者莫长焉,用此道也。立嗣必子,所从来远矣。高帝亲率士大夫,始平天下,建诸侯,为帝者太祖。诸侯王及列侯始受国者皆亦为其国祖。子孙继嗣,世世弗绝,天下之大义也,故高帝设之以抚海内。今释宜建而更选于诸侯及宗室,非高帝之志也。更议不宜。子某最长,纯厚慈仁,请建以为太子。"上乃许之。

在遴选储君的过程中,汉文帝与有司经过了多番商议。但很奇怪,双方都没有一字提及刚刚病逝的四位皇子,似乎这件事根本就没有发生过。而庶长子刘启,从上文看,正是有司提名的嗣君候选人。所谓"有司",究竟指哪些人?《外戚世家》说是"公卿请立太子"。此时三公九卿中的多数席位都被政变功臣占据,为首的正是周勃、陈平和灌婴这三巨头。

他们为什么建议文帝在此时立储？宋儒吕祖谦分析是为了预防"继嗣不明之祸"。什么是"继嗣不明之祸"呢？大概是指前文提到过的这回事：

> （周勃等）诸大臣相与阴谋曰："少帝及梁、淮阳、常山王，皆非真孝惠子也。吕后以计诈名他人子，杀其母，养后宫，令孝惠子之，立以为后及诸王，以强吕氏。今皆已夷灭诸吕，而置所立，即长用事，吾属无类矣。不如视诸王最贤者立之。"
>
> ——《史记·吕后本纪》

发动政变、诛灭吕氏的诸大臣声称，汉少帝刘弘以及梁、淮阳、常山诸王都不是汉惠帝刘盈的真血脉，而是吕后用"狸猫换太子"的办法养在深宫、冒名顶替的，少帝在位等于淆乱了刘家天下的血统继承，所以必须尽数夷灭，在宗室旁支里另择新君，这才有了邀请代王刘恒进京继位的后话。但正如本书第一章所述，"狸猫换太子"是政变功臣对少帝刘弘的污蔑。司马迁说他们有"阴谋"，并明文记载少帝刘弘就是汉惠帝的亲生儿子，只不过其母微贱，并非皇后嫡出（《史记·吕太后本纪》）。但刘弘是惠帝的母家吕氏所立，周勃等人发动政变血洗了吕氏，如果还继续奉刘弘为主，怕将来要遭小皇帝秋后算账，所以一不做二不休，干脆诬陷他是只"狸猫"，让他给吕氏殉了葬。所以，如果说汉惠帝身后真有所谓"继嗣不明之祸"，那这个祸首正是以周勃为首的政变功臣们！

现在，少帝已死，文帝践祚，周勃这些人又急急忙忙地建议文帝尽早立储，他们的葫芦里卖的是什么药呢？

贰

汉文帝故去的那位原配夫人姓甚名谁，有着怎样的家世背景？传世文献中没有一字记载。因为她生前的名分是代王刘恒的王后，我们在此不妨称她为"代后"。而她那四个不幸夭折的儿子，也没有哪位史家说明他们死亡的具体原因。所以，当我们今天试图去回答那些疑问——四位皇子为何在短短三个月内相继殒命？汉文帝与代后的夫妻关系为何冷淡？周勃等政变功臣为何急急忙忙建议文帝尽早立储？我们手里没有任何直接的史料记载可资依靠。我们只能在若干旁证的指引下做出带有假设性的推断，同时耐心等待后续可能发现的传世文献与出土文献来证明或者证伪这个推断。

我想在此提出的这个大胆的假设性推断是，汉文帝的那位原配代后可能出自吕氏，换句话说，就是高后吕雉的娘家人。

汉高祖刘邦一共有八个儿子：

> 高帝八男：长庶齐悼惠王肥；次孝惠，吕后子；次戚夫人子赵隐王如意；次代王恒，已立为孝文帝，薄太后子；次

> 梁王恢，吕太后时徙为赵共王；次淮阳王友，吕太后时徙为赵幽王；次淮南厉王长；次燕王建。
>
> ——《史记·高祖本纪》

这八个儿子当中，只有次子刘盈也就是汉惠帝是吕后的嫡出，其余诸位皇子都是刘邦那些有名分或没名分的小老婆生的。刘邦在世的时候，将秦朝二世而亡的原因部分归结于不封宗亲子弟，无以镇抚天下。惩于前鉴，自公元前201年起，除汉惠帝之外的七个庶子先后被刘邦封到各地为王。汉朝幅员辽阔，而刘邦子嗣又少，所以诸位藩王的封地都大得惊人。刘邦去世后，临朝称制的吕后生怕这些同姓藩王觊觎帝位，威胁新君，于是绞尽脑汁地想出各种手段来控扼藩国势力。

首当其冲的是汉惠帝的庶长兄齐王刘肥。刘肥的封国下辖七十余城，号称"东秦"，隐然与坐镇关中的大汉天子分庭抗礼。为了削弱齐王的力量，公元前193年，吕后借齐王刘肥朝觐之机，迫使他主动献出城阳郡作为亲生女儿鲁元公主的汤沐邑；六年后，即公元前187年，吕后又从齐国划出了济南郡成立吕国，封自己的娘家侄子吕台为吕王；又过了几年，吕后的侄女婿营陵侯刘泽也获王爵，而这一次，刘泽这个琅琊王裂地而封，割走的还是齐国的地盘——琅琊郡。把齐国肢解为四，吕后仍不放心。齐王刘肥去世后，虽然嫡子刘襄继承了王位，可是两个庶子朱虚侯刘章和东牟侯刘兴居却被吕后以"入侍"的名义召到身边管束起来，刘章还被迫娶了吕禄的女儿（也就是吕后的侄孙女）为妻。

长兄刘肥以下，赵隐王如意因为仗恃母亲戚夫人受到刘邦的宠幸，高祖一朝曾屡次威胁汉惠帝刘盈的太子地位。高祖驾崩，吕后当国，戚夫人和如意都遭到了吕后的疯狂报复，先后惨死。如意死后，吕后又相继将淮阳王刘友、梁王刘恢徙为赵王，并强迫他们聘娶吕姓王后。二王对此心怀抵触，结果是刘友幽死，刘恢自杀。至于刘邦的幼子燕灵王刘建，公元前181年薨逝的时候，吕后命人鸩杀了他的庶子，绝了刘建的血脉。绝嗣之后，刘建曾经的封国燕国便被吕后转给了侄孙吕通。

这样算下来，高祖的七位庶子中，幸免于吕后荼毒的就剩代王刘恒和淮南王刘长了。吕后对刘长的宽容不难理解，因为刘长虽然不是他的亲生儿子，却是她一手养大的：

> 厉王（刘长）蚤失母，常附吕后，孝惠、吕后时以故得幸无患害。
>
> ——《史记·淮南衡山列传》

可史籍中没有任何吕后对代王刘恒采取措施的记载，这是令人生疑的。或许有人会举出《史记·外戚世家》中的这段故事来进行反驳：

> 高祖崩，诸御幸姬戚夫人之属，吕太后怒，皆幽之，不得出宫。而薄姬以希见故，得出，从子之代，为代王太后。

刘恒的母亲薄姬本是织室女工，身份微贱。当年，刘邦只是在很偶然的情况下临幸过薄姬一次，遂生下了刘恒。薄姬既不受高祖宠幸，代国又僻处北疆，吕后或许因此便不把代王母子放在眼里。刘邦驾崩，别的嫔妃都被幽禁起来，吕后唯独对薄姬网开一面，让她跟随刘恒前往封国，母子团聚，这不正说明吕后对代王的警惕性不高吗？

事实上，这是罔顾历史事实的臆测。《史记》明确记载，吕后至少两度试图插手代国事务。第一次是在公元前182年吕产封王之前：

> 太后春秋长，诸吕弱。太后欲立吕产为吕王，王代。
>
> ——《史记·荆燕世家》

第二次则是在公元前181年第三任赵王刘恢自杀之后：

> 秋，太后使使告代王，欲徙王赵。代王谢，原（愿）守代边。
>
> ——《史记·吕太后本纪》

显然，吕后并没有因为代国偏远，其母微贱，便"遗忘"了刘恒。既然对其余诸王遍施雷霆手段，吕后没道理不在刘恒身边插针。更值得我们注意的是，吕后第二次动刘恒的心思，是要徙他为赵王。要知道刘恒之前的两任赵王刘友和刘恢都被迫娶了吕姓王后，照此推论，代王刘恒身边那位不知名的代后恐怕也会是

吕姓。虽然我们没有直接的证据来证明这一点,但吕后将身边的宫女赐予刘恒,却是《史记》中明文记载的事实:

> 窦太后,赵之清河观津人也。吕太后时,窦姬以良家子入宫侍太后。太后出宫人以赐诸王,各五人,窦姬与在行中。窦姬家在清河,欲如赵近家,请其主遣宦者吏:"必置我籍赵之伍中。"宦者忘之,误置其籍代伍中。
>
> ——《史记·外戚世家》

汉景帝刘启的母亲窦姬原本就是吕后身边的宫女,被吕后所赐,前往代国。不但代国,其余各国诸侯也都得到了吕后类似的赏赐。对刘友、刘恢两位娶了吕姓王后的赵王,《史记》并没有记载他们聘娶王后的具体时间,我个人推测很可能就是在这次分赐宫人之时——让这些宫女作为陪嫁随同王后前往藩国。如果真是这样的话,代王刘恒会不会也"享受"了与刘友、刘恢相同的待遇,娶了吕氏之女为后呢?

如果代后出自吕氏的假设成立,我们就不难理解她和刘恒间扭曲的夫妻关系了:代后既然是吕后遥控藩王的马前卒,刘恒当然会对她心生反感,就像刘友、刘恢两位诸侯王一样。可刘友、刘恢兄弟不得善终,死也就死在"心生反感"四个字上:

> 七年正月,太后召赵王友。友以诸吕女为受后,弗爱,爱他姬,诸吕女妒,怒去,谗之于太后,诬以罪过……丁丑,赵王幽死,以民礼葬之长安民冢次。……

> 二月，徙梁王恢为赵王。……梁王恢之徙王赵，心怀不乐。太后以吕产女为赵王后。王后从官皆诸吕，擅权，微伺赵王，赵王不得自恣。王有所爱姬，王后使人酖杀之。王乃为歌诗四章，令乐人歌之。王悲，六月即自杀。太后闻之，以为王用妇人弃宗庙礼，废其嗣。
>
> ——《史记·吕太后本纪》

这些吕姓王后就是吕后埋在藩王们枕头边上的眼线，得罪她们等于直接挑战吕后的权威。想当年从龙的异姓诸侯如韩信、彭越是何等英雄，尚且逃不过吕后的屠刀，这些乳臭未干的刘姓藩王在吕后跟前又哪有还手之力？刘友、刘恢就因为不能忍，才在吕姓王后的谮妒中伤下死于非命，那代王刘恒呢？或许正是鉴于前辙，他才强压住内心的厌恶，与代后维持了表面的和气。于是乎我们就看到了司马迁描述的这种怪象：刘恒钟情的是窦姬，却与代后生下了四位王子。

这种尴尬的局面到公元前180年，因为吕后的驾崩而被彻底打破了：

> 朱虚侯已杀（吕）产，帝命谒者持节劳朱虚侯。朱虚侯欲夺节信，谒者不肯，朱虚侯则从与载，因节信驰走，斩长乐卫尉吕更始。还，驰入北军，报太尉。太尉起，拜贺朱虚侯曰："所患独吕产，今已诛，天下定矣。"遂遣人分部悉捕诸吕男女，无少长皆斩之。辛酉，捕斩吕禄，而笞杀吕媭。

使人诛燕王吕通，而废鲁王偃。

——《史记·吕太后本纪》

周勃、陈平联合朱虚侯刘章发动政变，诛灭诸吕。凡与吕氏有血缘关系的人在这次大屠杀中无一幸免，包括吕后的外孙鲁王张偃，尽管他并不姓吕。吕氏族灭之后，政变功臣们开始商议推选新君，而推选新君的首要标准就是他不能有一个像吕家那么厉害的外戚。正是这个标准否决了提名齐王刘襄和淮南王刘长继位的建议：

大臣皆曰："吕氏以外家恶而几危宗庙，乱功臣。今齐王母家驷，驷钧，恶人也。即立齐王，则复为吕氏。"欲立淮南王，以为少，母家又恶。乃曰："代王方今高帝见子，最长，仁孝宽厚。太后家薄氏谨良。且立长故顺，以仁孝闻于天下，便。"乃相与共阴使人召代王。

——《史记·吕太后本纪》

我们可以推想，假设代王刘恒的原配王后姓吕，披着这层关系，政变功臣们断不可能邀请他进京继位。然而事情的发展就是这么巧合：

先代王未入立为帝而王后卒。

——《史记·外戚世家》

就在代王刘恒受邀进京之前，代后去世了。这不免让人猜疑,她的死究竟是自然死亡呢,还是刘恒为了争取继位的机会,自行动手解决了这个障碍?

代后如果出自吕家,刘恒要扫除她并不难。可是代后生下的四个儿子该怎么处置,这个问题却非常棘手。这四个孩子的死亡时间都在公元前180年九月到公元前179年正月之间,也就是刘恒抵达京师长安的头三个月里。巧的是,这与政变功臣们杀死汉惠帝的诸位庶子的时间是重合的:

> 代王即夕入未央宫。有谒者十人持戟卫端门,曰:"天子在也,足下何为者而入?"代王乃谓太尉。太尉往谕,谒者十人皆掊兵而去。代王遂入而听政。夜,有司分部诛灭梁、淮阳、常山王及少帝于邸。代王立为天子。
>
> ——《史记·吕太后本纪》

对那些同吕家有血缘关系的孩子,政变功臣们的态度坚决而冷酷:斩草除根,永绝后患,就算以皇帝的名义也无法为他们提供有力的庇护。要是照此推论,公元前179年周勃等人建议汉文帝立储的举动恐怕就不是为了预防"继嗣不明之祸",而是间接逼宫,催促文帝处决代后的四个儿子。

此后,文帝与政变首席功臣周勃的关系变得异常紧张。周勃本是亲手将文帝扶上龙位的人,文帝登基后他也顺理成章地坐上了首相之位。可文帝元年和二年,周勃两度拜相又两度罢免,在任时间最长不过一年,而每次罢相都与文帝有直接关系。尤其是第二次罢相，文帝刻意打压周勃的意图表现得相当露骨：汉文帝前元二年（公元前178年）十月颁布诏旨，要求列侯之国，其中明明说只有那些并未在京任职的闲散列侯才应遣返封国，不得留居长安。到第二年十一月，绛侯周勃作为现任丞相，履职才不过十个月，根本不在诏旨划定的范围当中，文帝却偏偏拿他扎筏子，点名让他罢相之国。更不可思议的是周勃罢相之后的所作所为：

> 岁余，每河东守尉行县至绛，绛侯勃自畏恐诛，常被甲，令家人持兵以见之。其后人有上书告勃欲反，下廷尉。
>
> ——《史记·绛侯周勃世家》

周勃两次任相期间，史书并未记载他有重大的工作过失。如果说这段时间里周勃和汉文帝发生过什么正面冲突的话，那只有一件，就是周勃联合列侯功臣向文帝施压，迫使他贬黜了制定"列侯之国"政策的贾谊。最后，贾谊远谪，周勃罢相，双方闹了个两败俱伤。我们可以将罢相视为汉文帝对周勃的报复，报复他施压皇帝、贬谪贾谊，但周勃罢相之后还像惊弓之鸟一样，每天担惊受怕，被甲执兵，以为文帝随时会要他的命，这就不好全用贬谪贾谊的事来解释了：回到封国的周勃已经失去了影响朝政、掣肘皇权的能力，文帝还有什么理由非杀他不可呢？

因此我很怀疑，周勃和汉文帝之间最深的那道梁子就是公元前179年正月政变功臣们向文帝提出的立储建议。功臣们建议文帝尽早立储，提出的太子人选却是庶长子刘启，这等于暗示文帝：代后所生的四位嫡子不能再保。而文帝最终选择了妥协，四位皇子先后殒命。《史记·外戚世家》说"及代王立为帝，而王后所生四男更病死"，这"病死"二字怕是春秋笔法，为尊者讳，所要掩盖的正是文帝与四子间父子相残的血淋淋的事实。

娄敬与汉初分封

壹

公元前202年,刚刚在垓下击杀了项羽的刘邦拂去一身征尘,坐在洛阳南宫内喘息未定。宫门外的帝都洛阳,硝烟、血腥和破败的气息就像阳光下的阴影,蹐缩在新生的西汉王朝恩泽不能遍及的角落里。就是在这一年,一个来自东方的齐国人挽着沉重的大车,步履蹒跚地走进了洛阳,走进了刘邦的宫殿:

> 汉五年,戍陇西,过洛阳,高帝在焉。娄敬脱挽辂,衣其羊裘,见齐人虞将军曰:"臣原(愿)见上言便事。"虞将军欲与之鲜衣,娄敬曰:"臣衣帛,衣帛见;衣褐,衣褐见:终不敢易衣。"于是虞将军入言上。上召入见,赐食。
>
> ——《史记·刘敬叔孙通列传》

娄敬,西汉乃至中国历史上最杰出的制度设计师之一。他为西汉王朝规划了三项沿用上百年的基本国策：迁都长安，和亲匈奴，迁徙豪强。这样傲人的成绩甚至是刘邦的左膀右臂相国萧何和谋主张良都难以企及的。但娄敬此人在《史记》中的出场却显得如此诡异——一个穿着破羊皮袄，准备从齐地开赴陇西边疆的戍卒，这是娄敬觐见刘邦以前唯一有记载的身份。可要是真把娄敬当作一个普通的戍卒来看待，司马迁所作的上述记载便会出现这样两个难以解释的疑问：

其一，娄敬远戍陇西的途中经过洛阳，听说皇帝刘邦在此，要求面圣言事。在故秦朝的时候，刘邦也曾徭戍咸阳，彼时他好歹还是秦朝的一个基层公务人员，但面对高高在上的秦始皇，也只有望尘遥拜，艳羡地叹一句"大丈夫当如是"；戍卒娄敬的身份地位，比之亭长刘季犹恐不如，他怎么敢一张口就要求面圣呢？

其二，就算娄敬要求觐见皇帝是不知天高地厚，那刘邦麾下的文武大臣面对这个大胆狂徒，不该厉声呵斥，严词拒绝吗？可站在娄敬对面的虞将军不但欣然接受了娄敬的请求，甚至在娄敬入宫前还主动提出要给他换一身体面的衣裳。这又是为什么呢？堂堂的将军主动给一个戍卒置办行头，可人家还不领情呢。娄敬撂下话来：我现在什么样儿，到皇帝跟前就什么样儿，鲜衣怒马我用不着。一介戍卒，哪来这么硬的底气？

草鞋皇帝，乱世天子。刘邦麾下的文臣武将流品杂出，从前干什么的都有。不过要说到与刘邦结缘的经历，倒是有个人和娄敬出奇地相似：

> 郦生食其者，陈留高阳人也。好读书，家贫落魄，无以为衣食业，为里监门吏。然县中贤豪不敢役，县中皆谓之狂生。……沛公麾下骑士适郦生里中子也，沛公时时问邑中贤士豪俊。骑士归，郦生见谓之曰："吾闻沛公慢而易人，多大略，此真吾所原（愿）从游，莫为我先。若见沛公，谓曰'臣里中有郦生，年六十余，长八尺，人皆谓之狂生，生自谓我非狂生'。"骑士曰："沛公不好儒，诸客冠儒冠来者，沛公辄解其冠，溲溺其中。与人言，常大骂。未可以儒生说也。"郦生曰："弟言之。"骑士从容言如郦生所诫者。
>
> ——《史记·郦生陆贾列传》

郦食其跟娄敬一样，结识刘邦以前身份卑微，是个看门的小吏。可是对这个贱役，县里有头有脸的人物却不敢不敬他三分，是不是和虞将军接待娄敬的态度很像呢？郦食其之所以享受这样的礼遇，是因为他本人乃是一个接受过正经教育的读书人。从他后来鼓舌摇唇，周旋于诸侯之间的种种作为看，很可能是纵横家的受业弟子。以阶级属性论，郦食其应该被归入"士"之一流，监门吏只是他韬光养晦、囊括勿用的假身份而已。在秦末的乱世，像郦食其这样的人并不少见，比如刘邦曾经的带头大哥、魏国名士张耳为了躲避秦政府的通缉，也做过监门吏。

娄敬后来为刘邦制定了三大基本国策，单凭这一点，此人的眼光见识就绝不在郦食其之下。但是扒掉他身上那件破羊皮袄，娄敬的真实面目该是什么样，史籍中却没有直接的文献依据。我愿意在此提供一种猜测的思路：刑不上大夫，礼不下庶民。从齐地远戍陇西，绝不该是对待士人的正常手段。因此相比于寻常的徭戍，我更倾向于认为娄敬的这趟远行是带有惩罚性质的谪戍。娄敬在洛阳面晤同样来自齐地的虞将军，请他在刘邦面前推荐自己，这跟郦食其请托于同里邻居——那个刘邦的贴身骑士，用的是同一手段。也就是说娄敬和虞将军很可能是旧相识。那娄敬会不会是被韩信消灭的那个田氏齐国的亡国之臣呢？如果这个猜测能够成立的话，那么围绕娄敬真实身份而产生的种种疑问都可以迎刃而解：田齐灭亡，娄敬谪戍陇西，应该被视作汉廷对亡国伪臣的惩罚和报复；既然从前在齐国为官，那么虞将军认得娄敬并且愿意为他在刘邦面前融通，甚至主动置办衣装，都可以被认为是故友或者同僚的情分；一个寻常戍卒自然不懂经国之大业，可那不正是一个犯官应该明白的事吗？

贰

无论戍卒娄敬从前的真实身份究竟是什么，有一点是确定无疑的：当他在虞将军的引荐下走进洛阳南宫，只一席话便打破了刘邦对天下格局的固有认识。

娄敬面圣，劈头就问刘邦："陛下建都洛阳，难道是要建立一个西周式的国家吗？"数百年前，西周伐纣灭商，革故鼎新。为了巩固和拓展新生的王朝，周公主持营建了规模宏大的新都洛邑，并以此为中心，使周朝的势力通过各个封藩向东、北、南三面辐射开去。从地图上看，齐、鲁、晋、卫等诸侯就像众星捧月般对京畿洛邑形成严密的环形拱卫，直到公元前256年秦王嬴政兴兵攻灭东周，这一维系姬周命脉的分封格局才算寿终正寝。而到此时，通算两周，周公遗法已经让周朝的国祚延续了至少八个世纪之久。

新生乍起的刘汉政权能否比隆于姬周呢？至少，在娄敬与刘邦晤面之初，刘邦是有这股子心气的。因为面对娄敬的提问，高祖皇帝只干脆地回答了一个字："然！"这不仅是刘邦自信的表现，同时也意味着效法周公，建立一个以洛阳为中心的分封制帝国，这个既定方案在刘邦那儿并不具有进一步讨论乃至修改的余地。

刘邦的信心是其来有自的。因为从公元前206年成为汉王以来，这位领袖身边的文武大臣中就不断有人称赞他以西周分封制为榜样的做法。

韩信这样说：

"项王见人，恭敬慈爱，言语呕呕，人有疾病，涕泣分食饮,至使人有功当封爵者,印刓敝,忍不能予,此所谓妇人之仁也。……今大王诚能反其道:任天下武勇,何所不诛!以天下城邑封功臣,何所不服?"

——《史记·淮阴侯列传》

陈平也这样说:

"项王为人,恭敬爱人,士之廉节好礼者多归之。至于行功爵邑,重之,士亦以此不附。今大王慢而少礼,士廉节者不来;然大王能饶人以爵邑,士之顽钝嗜利无耻者亦多归汉。诚各去其两短,袭其两长,天下指麾则定矣。"

——《史记·陈丞相世家》

王陵还是这样说:

高祖置酒雒阳南宫。高祖曰:"列侯诸将无敢隐朕,皆言其情。吾所以有天下者何?项氏之所以失天下者何?"高起、王陵对曰:"陛下慢而侮人,项羽仁而爱人。然陛下使人攻城略地,所降下者因以予之,与天下同利也。项羽妒贤嫉能,有功者害之,贤者疑之,战胜而不予人功,得地而不予人利,此所以失天下也。"

——《史记·高祖本纪》

这些文武大臣与刘邦的关系或亲或疏,或远或近,但他们却异口同声地将刘邦的成功归因于他能行分封,能法周政,并一致希望皇帝今后继续沿用这套成功经验,定都洛阳,与诸侯们共享太平。三人成虎,朝堂里的呼声是如此之强烈,由不得刘邦不信。

然而,娄敬明确地告诉刘邦,想要复制西周建国的成功经验绝无可能:

> "今陛下起丰沛,收卒三千人,以之径往而卷蜀汉,定三秦,与项羽战荥阳,争成皋之口,大战七十,小战四十,使天下之民肝脑涂地,父子暴骨中野,不可胜数。哭泣之声未绝,伤痍者未起,而欲比隆于成、康之时,臣窃以为不侔也。"

——《史记·刘敬叔孙通列传》

大汉帝国为什么不能复制西周的成功?娄敬的解释是,周务欲以德致人,而汉务欲以力致人。译作当代的流行语言来讲,西周王朝经营天下靠的是软实力,而刘邦征服天下靠的是硬实力,其道不同。

在今天,稍有政治常识的人都知道软实力的发挥必须以硬实力为基础。西汉建国之初,高祖刘邦奄有十五郡,而韩信、彭越、黥布等藩王的封国,实力再强也不过兼领二三郡而已,强干弱枝、居重驭轻的态势一目了然。回望八百年前的西周,武王和周公对各地封藩的驾驭能力未必比刘邦更强,为什么他们就能偃武右文,而娄敬却断言刘邦做不到呢?这个问题恐怕刘邦自己也想不明白。所以他将娄敬的意见付与群臣讨论。许多大臣,尤其是那些生长在山东六国故地上的大臣纷纷劝说刘邦不要被娄敬的邪说迷惑了,应该坚持定见,都于洛阳。但刘邦并未着急表态,因为喧哗的朝堂里,还有一位至关重要的大臣没发言,他就是张良。

三年前,刘邦率领五路诸侯、五十六万大军与项羽战于彭城,铩羽而归。在大败逃亡的路上,刘邦第一次提出了要以分封制笼络诸侯、共击项羽的战略构想。张良当即献策,若以大汉的关东领土封予黥布、彭越和韩信三人,大事必成。从那时起,张良就是西汉分封的设计师。现在娄敬提议分封格局必须做出调整,张良会怎么看?

张良说:

> "雒阳虽有此固,其中小,不过数百里,田地薄,四面受敌,此非用武之国也。夫关中左殽函,右陇蜀,沃野千里,南有巴蜀之饶,北有胡苑之利,阻三面而守,独以一面东制诸侯。诸侯安定,河渭漕挽天下,西给京师;诸侯有变,顺流而下,足以委输。此所谓金城千里,天府之国也,刘敬说是也。"

——《史记·留侯世家》

是否要由洛阳迁都关中,调整分封格局,取决于西汉王朝的政治前景是生战生乱还是国泰民安。在这个问题上,张良的预判乍一看模棱两可,他给出了"诸侯安定"与"诸侯有变"两种假设。然而,在这两种假设当中,张良其实也有自己的倾向性:洛阳非用武之地,关中有山河之险,从军事的眼光来看,关中是更适合的建都之所。张良的这番表态等于变相地承认了他帮刘邦设计的分封格局并不能确保西汉帝国的长治久安。放眼将来,刘邦的当务之急不是端坐在洛阳宫里,憧憬着像周天子那样柔远能迩,万方来朝,而应该放弃幻想,准备打仗!

曾经,刘邦靠分封制打败了项羽,终结了楚汉战争,可现在娄敬和张良却异口同声地告诉刘邦,分封制会引发新的战争。从前的良药变成了现在的毒药,西汉分封的症结究竟在哪里呢?

叁

虽然刘邦最终接受了娄敬和张良的迁都建议,但是对分封制的隐患,他仍未警觉。一个最有力的证据是:公元前202年六月,刘邦起驾,移都关中,短短两个月后,长安传出旨意,太尉卢绾晋位燕王。卢绾封王之前,西汉已有七大异姓诸侯,分别是楚王韩信、梁王彭越、淮南王黥布、韩王韩信、长沙王吴芮、燕王臧荼和赵王张耳。诸王之中,除了实力最强的楚王韩信出身刘邦帐下,其余各王都是与刘邦联兵剿杀项羽的合作方。他们或者早在公元前206年项羽主持的戏下分封中便获王爵,或者虽未封王,却独立成军,割据一方。所以西汉建国后继续承认他们为藩王,既是对他们助剿项羽的酬劳,也是妥协于他们的政治军事实力。至于封韩信为楚王,那就连前一项考虑都没有了。天下人都知道,韩信的王爵是用手中兵权要挟刘邦,强行讨来的。

刘邦迁都长安的一个月后,公元前202年七月,燕王臧荼举兵叛乱,攻占代地。刘邦御驾亲征,生擒臧荼。燕王兵败枭首,他身后的燕国该作何安排呢?刘邦的决策不是将燕国转为中央直辖的郡县,而是册立卢绾为新燕王。这在西汉分封的历史进程中是个意义重大的事件,因为这标志着刘邦开了一个先例:他的嫡系丰沛功臣集团中第一次有人晋封王爵了。如果说之前分封七大异姓诸侯的时候刘邦还或多或少有些心不甘情不愿,只是出于利害的权衡不得已而为之,那么这次封卢绾为王就更像是真诚地按照周公遗法赏赐亲近功臣,准备与他们共享太平了。

然而,刘邦的美好愿景刚刚画下第一笔,令他失望的事情便接踵而至:

公元前201年,楚王韩信遭人举报谋反,废为淮阴侯,并于五年后被处死;

公元前200年,韩王韩信勾结匈奴,内侵西汉,失败投敌;

公元前198年,赵相贯高等人于上一年阴谋刺杀皇帝刘邦的计划曝光,连累张耳之子赵王张敖被废;

公元前196年,梁王彭越又遭遇谋反举报,被刘邦剁为肉泥；

同年，慑于唇亡齿寒之危，淮南王黥布公然叛乱，兵败身亡；

到公元前 195 年，刘邦的世交和兄弟、异姓诸侯中号称"亲幸莫及"的燕王卢绾也反了……

短短数年中，西汉几乎每年都要闹出藩王谋反的丑闻。至卢绾叛逃匈奴为止，七大异姓诸侯中只剩长沙王吴芮未丧臣节。失望至极的刘邦于是与群臣杀白马盟誓，约定今后非刘姓不得封王。

可是以同姓子侄取代异姓功臣，新受爵的那些刘姓王爷也不见得可靠。比如那个因平定黥布叛乱立功而受封的吴王刘濞，四十年后正是他挑头掀起了七国之乱，刘邦九死一生打下的基业差点就毁在这帮不肖子孙手里。

曾经保佑姬周社稷绵延八百年的分封制为什么不能给西汉王朝带来和平与安宁？解释这个问题之前，让我们先来看一看西周分封的目的和意义。钱穆《国史大纲》说：

> 西周的封建，乃是一种侵略性的武装移民与军事占领，与后世统一政府只以封建制为一种政区与政权之分割者绝然不同。因此在封建制度的后面，需要一种不断的武力贯彻。……周人立国，是一个坐西朝东的形势……其国力的移动，大势可分两道。

第一道由陕西出潼关,向河、洛,达东都,经营黄河下流。此武王伐殷、周公东征之一线。

第二道由陕西出武关,向江、汉,经营南阳、南郡一带,以及淮域。此文王化行南国之一线。

西周的分封制本质上是一种抱团取暖式的武装拓殖,也就是由实力最强的周天子牵头,号召各个部族合力向东疆、北疆和南疆拓展势力范围。因为西周代商之初版图很小,而可供经略的边疆地区则幅员广大,因此环拱于王畿四围的封藩都拥有巨量的拓殖空间。在这种情况下,新兴的西周王朝不必担心诸侯们倒戈内向。对齐、鲁、晋、卫等国来说,征服弱小的莱夷、淮夷、赤狄、白狄远比从强大的周天子手里讨便宜来得轻松。所谓周务欲以德致人,其实就是西周王朝可以通过发动对外战争来转嫁内部矛盾。各诸侯封国之所以愿意响应天子的号召,枪口冲外,不打内战,也是因为他们和周天子一样都能通过对外扩张收获巨大的战争红利。诸侯们在战争中攫取了新的土地和人口,而周天子则因此杜绝了外敌的入侵,并心安理得地享受诸侯进献的战利品,这是一个双赢的格局。唯一可能对周天子构成威胁的是,当那些能征惯战的诸侯国在边疆兼弱攻昧,终至尾大不掉时,周天子驾驭起他们来就渐渐力不从心了。所以我们看到,进入东周之后,齐、楚、秦、晋四个原本在西周分封格局中处于边缘地位的国家先后崛起,成为代周行令的新巨头,并最终由僻处西方的秦国取周而代之，终结了周朝的国运。

由秦朝一统开始，中原王朝复制西周分封的条件就永久地丧失了。因为东起辽东，西抵高原，南据岭南，北达长城，秦朝奠定的这块版图已经基本达到了农耕文明时代中原王朝对外扩张的极限。再向外发动战争，就算占得土地，也因为文化与生活方式的不同而难以长期据守。正如西汉御史大夫韩安国为汉武帝分析的那样：

> "千里而战，兵不获利。今匈奴负戎马之足，怀禽兽之心，迁徙鸟举，难得而制也。得其地不足以为广，有其众不足以为强，自上古不属为人。汉数千里争利，则人马罢（疲），虏以全制其敝。且强弩之极，矢不能穿鲁缟；冲风之末，力不能漂鸿毛。非初不劲，末力衰也。击之不便，不如和亲。"
>
> ——《史记·韩长孺列传》

翻越"司马迁线"①，让帝国的统治扎根大漠，那不是擅长耕战的中原王朝所能实现的战略目标。对外拓殖的空间已经榨干耗尽，西汉却仍在分封诸侯，这时的分封制度势必不能再保持西周时代积极进取的精神，而要转向消极防御。我们不妨以刘邦分封

---

① 司马迁线：从黄河以北陇晋交界的龙门到渤海湾碣石，为农耕文明与游牧文明的分界线。

的韩国为例来说明这一点。刘邦正式册封韩王信,事在公元前205年:

> 项籍之封诸王皆就国,韩王成以不从无功,不遣就国,更以为列侯。及闻汉遣韩信略韩地,乃令故项籍游吴时吴令郑昌为韩王以距汉。汉二年,韩信略定韩十余城。汉王至河南,韩信急击韩王昌阳城。昌降,汉王乃立韩信为韩王,常将韩兵从。

——《史记·韩信卢绾列传》

戏下分封之后,项羽以西楚霸王之尊定都彭城,号令天下。为了预防来自西方的刘汉政权可能的进攻,项羽违背戏下之约,迁魏王豹于河东,又不许韩王成之国,巧取豪夺,将韩、魏故地置于自己的掌控下,充作抵御西方之敌的战略缓冲区。刘邦自汉中还定三秦,然后东出函谷,与项羽争衡天下,他的首要任务就是控制韩国故地,占据中原腹心,以便争取对楚战争的主动权。考虑到韩王信故韩国公族的身份对遗民有较强的号召力,刘邦选择用他充当攻略韩地的急先锋。韩王信助刘邦击垮了项羽在韩地建立的傀儡政权,并因此获得刘邦的赏识,成为韩地的新王。在楚汉双方长期拉锯于荥阳、成皋一线的情况下,韩王信的封国无疑起到了藩屏关中腹地的重要作用。可是楚汉战争一结束,韩王信封国的位置就非常尴尬了:刘邦都于洛阳,韩王信就在咫尺之遥的颍川。卧榻之侧岂容他人鼾睡?所谓藩国,顾名思义,应该是藩屏大汉的附属国,它应该被置于边疆地区,当作巩固边疆防御的第一道防线才对。可韩国现在据于大汉帝国的腹心之地,反倒是大汉负责边境防御,做起了韩国的藩屏,这种本末倒置的态势必须扭转!于是,就在楚汉战争结束的第二年,刘邦宣布徙韩王信为代王,都马邑,派他到北边去防御匈奴。正是这次迁徙,直接导致了韩王信的反叛:

> 秋,匈奴冒顿大围信,信数使使胡求和解。汉发兵救之,疑信数间使,有二心,使人责让信。信恐诛,因与匈奴约共攻汉,反,以马邑降胡,击太原。
>
> ——《史记·韩信卢绾列传》

韩王信当初在中原死心塌地帮助刘邦进攻项羽,哪怕被项羽俘虏,也要亡归刘邦,再投故主。甚至刚刚被刘邦从颍川调往太原的时候,韩王信也表现出了为大汉戍边的积极态度,主动请求将国都由晋阳迁往更靠近北方边境的马邑。可为什么一与匈奴接战,他就变得这样首鼠两端、骑墙观望了呢?韩王信的这个前后转变绝不是个案,它折射出的是楚汉之际许多藩王的普遍心态。要理解这一点,我们不得不首先阐明这些藩王最核心的利益关切究竟是什么。

有这么一件事情很能说明问题。公元前205年刘邦在彭城败于项羽后曾对群臣说,要是有人能为我走一趟淮南,策反黥布,让他背楚投汉就好了。只要拖住项羽,让他在齐地滞留上几个月，我取天下，十拿九稳！这话乍一听去简直匪夷所思——黥布是从前项羽帐下的第一号猛将，号称楚军军锋，他凭什么要背楚投汉呢？可后来的形势发展证明了刘邦的远见。汉使随何奉命前往淮南，只一席话就说反了黥布。随何说：

> "大王与项王俱列为诸侯，北乡而臣事之，必以楚为强，可以托国也。项王伐齐，身负板筑，以为士卒先，大王宜悉淮南之众，身自将之，为楚军前锋，今乃发四千人以助楚。夫北面而臣事人者，固若是乎？夫汉王战于彭城，项王未出齐也，大王宜骚淮南之兵渡淮，日夜会战彭城下，大王抚万人之众，无一人渡淮者，垂拱而观其孰胜。夫托国于人者，固若是乎？大王提空名以乡楚，而欲厚自托，臣窃为大王不取也。"

——《史记·黥布列传》

精明的随何一针见血地揭穿了黥布的老底：当年黥布之所以随项羽浴血奋战，生死不弃，那是因为战胜之后，有荣华可图，有富贵可期；可一旦当上了九江王，黥布的想法就变了。这时的他既然已拥有了独立的封国，就不再和项羽是一个利益共同体。项羽北伐田齐，向淮南国征兵，黥布借故推脱，百般搪塞；刘邦偷袭彭城，夺占了项羽的都城，黥布隔岸观火，无动于衷。这位曾经的楚军猛将一面在口头上对项羽表示臣服，一面又不肯为项羽卖力气，他心里打的是什么主意呢？随何说：托国而已。说得直白点，黥布的如意算盘是要利用臣服的名义借强大的项羽来保护自己，大树底下好乘凉嘛。他只愿享受权利，却拒绝履行义务。所以黥布绝不会为项羽冲锋陷阵，赔了自己的家底。刘邦和项羽掐得你死我活不关他黥布的事儿，只要刘邦不向淮南国伸手，就算他把项羽的老巢端了，黥布也不会对刘邦宣战。

黥布对项羽的态度是这样，韩王信对刘邦的态度也没有不同。楚汉战场上的韩王信之所以死心塌地助汉伐楚，那是因为韩王信的王国是刘邦封的，刘邦要是倒了台，项羽不会承认他为韩王——从前被项羽废掉的韩王成不就是前车之鉴吗？为了生存，韩王信只能把自己跟刘邦紧紧地绑在一块儿。可是公元前201年徙为代王后，韩王信的考虑就不同了。刘邦把他从安逸的中原调到汉匈交战的前线，摆明了是要拿他当炮灰。如果匈奴兵临城下，韩王信倾尽全力与匈奴人真刀真枪地干，打输了，必被追究守土抗战之责；打赢了，又会引来皇帝的猜忌——你要是比匈奴还厉害，皇帝绝不能放任你在边疆坐大，削藩的诏旨说话就要来了。

所以站在韩王信的角度考虑，他没法像刘邦期待的那样成为藩屏汉朝的忠诚卫士。面对强大的冒顿单于，韩王信只能频繁派遣密使到彼，争取以和谈拖延战争的爆发。即便不能让冒顿单于取消作战行动，至少要为自己争取时间，保存实力以等待汉朝援军的到来。

不但不能御敌于国门之外,反而和敌人眉来眼去,暗通款曲,刘邦开始疑心韩王信的忠诚了。韩王信的确没有尽到藩臣的守土之责,但如果他的所作所为应该被定义为谋反的话,那西汉的列位藩王只怕都难逃法律的制裁。不信我们再看看彭越:

> 十年秋,陈豨反代地,高帝自往击。至邯郸,征兵梁王(彭越)。梁王称病,使将将兵诣邯郸。高帝怒,使人让梁王。梁王恐,欲自往谢。其将扈辄曰:"王始不往,见让而往,往则为禽矣。不如遂发兵反。"梁王不听,称病。梁王怒其太仆,欲斩之。太仆亡走汉,告梁王与扈辄谋反。

——《史记·魏豹彭越列传》

公元前197年,刘邦征讨叛乱的陈豨,要求彭越率梁国军队协剿助战。彭越的反应像极了彭城之战时的黥布——自己称病不出,梁军主力不动,只派一支偏师应付刘邦了事。当年刘邦就因为看出了黥布对项羽的消极抵抗才策反了他,难道今天刘邦会让自己沦为下一个项羽吗?不能够。所以他心一横,以谋反的罪名把彭越砍成了齑粉。

自西汉分封制建立的那天起,各地藩国与中央政府的结构性矛盾就已经生成。无论是谁,无论他与刘邦的关系多么亲密,只要坐到藩王的位置上,就一定会萌生保存自身实力、逃避藩臣义务的投机心理。刘邦在称帝之后的很长一段时间里都没有悟透这个道理,所以鞠灭臧荼之后,他又把丰沛功臣中和自己关系最为亲密的异姓兄弟卢绾封为燕王。刘邦期待卢绾能像太公、召公撑起西周边防那样为大汉王朝尽忠职守,殊不知正是他的这个安排害了卢绾,也葬送了他和这个好兄弟自小培养起来的亲密感情。根据《史记·韩信卢绾列传》的记载,公元前196年,燕王卢绾得到战报:代相陈豨叛乱,皇帝刘邦已经御驾亲征。卢绾的第一反应是要配合刘邦的中央军,从东北方向夹击陈豨。这说明和刘邦从前的情谊仍然强烈地影响着卢绾的立场和决策。只可惜,故燕王臧荼之子臧衍的一席话却让卢绾住了手。臧衍对卢绾的使者说:

> "公所以重于燕者,以习胡事也。燕所以久存者,以诸侯数反,兵连不决也。今公为燕欲急灭豨等,豨等已尽,次亦至燕,公等亦且为虏矣。公何不令燕且缓陈豨而与胡和?事宽,得长王燕;即有汉急,可以安国。"

——《史记·韩信卢绾列传》

臧衍提醒燕国方面,从身份上说,你燕王卢绾和代相陈豨并没有本质的区别。往年汉朝已经诛灭了韩信、彭越、黥布诸王,你卢绾难道一点唇亡齿寒的感觉都没有吗?今天你助刘邦灭了陈豨,明天你就是下一个陈豨。留陈豨一条命,养寇自重,方为明智之举——狡兔尚在,猎狗才有被继续豢养的价值啊。臧衍的一席话迅速扭转了卢绾的态度。很快,他开始和陈豨、和支持陈豨的匈奴人眉来眼去,暗送秋波了。于是乎,卢绾和从前的韩王信一样遭到了刘邦的猜忌，并最终因叛逆罪逃亡匈奴。

卢绾逃亡匈奴后，虽被封为东胡卢王，却仍时时思念故土，最终带着无限的遗憾和悔恨死在了异国的土地上。不知未央宫里病势渐入膏肓的刘邦想起这场兄弟反目的悲剧，耳边是否会回荡起娄敬的忠告：西汉不可能复制西周建国的历史。其实，从刘邦接受娄敬的建议，放弃洛阳，定都长安开始，西汉王朝的命运就已经在这个具有象征意义的决策中注定了：既然建都在故秦而非故周的废墟上，新生的西汉就只能沿着秦始皇的足迹，走向郡县制帝国的未来。

七国之乱

壹

公元前154年,也就是汉景帝前元三年,对西汉王朝来说注定是一个不太平的年份。在这一年的正月,长星拖着刺眼的尾焰划破了静谧的夜空。紧接着,一场突如其来的雷火又将淮阳国的东宫大殿城室击毁。

长星、天火,在后来人回顾这接踵而至的异常天象时,东汉学者文颖解释说,这都是上天对下民的预警——惨烈的兵祸已经迫在眉睫!

无论这些天灾与人祸之间是真有必然的联系,还是出于后世学者的附会,但战争的确就在正月里爆发了。

在前一年刚刚采纳了晁错的《削藩策》,雄心勃勃地计划削弱藩王、集权中央的汉景帝收到了吴王刘濞先声夺人的檄文:

"吴王刘濞敬问胶西王、胶东王、菑川王、济南王、赵王、楚王、淮南王、衡山王、庐江王、故长沙王子,幸教寡人:以汉有贼臣,无功天下,侵夺诸侯地,使吏劾系讯治,以僇辱之为故,不以诸侯人君礼遇刘氏骨肉,绝先帝功臣,进任奸宄,诖乱天下,欲危社稷。陛下多病志失,不能省察。欲举兵诛之,谨闻教。"

——《史记·吴王濞列传》

厉兵秣马三十余年的刘濞尽散家财,登高一呼,"诛晁错,清君侧",吴国、楚国、赵国、胶西国、胶东国、菑川国、济南国共计七个藩国就全都反了,毁臣节,杀汉使,合纵西向,兵犯魏阙。几乎就在一夜之间,整个中国东部就被叛乱的战火全部吞没。

惊慌失措的汉景帝急忙命令大将军窦婴、太尉周亚夫率领汉军东出函谷关,火速平定叛乱,但原本同景帝有表亲之谊的窦婴对此却反应冷淡。在出征之前,他跟景帝说:"有个人,陛下必须得先见一见。"在得到景帝的首肯之后,窦婴领着这个人进了皇宫。他就是从前的吴国丞相,现如今罢官闲居的袁盎。

正忙着和晁错商量调兵调粮的汉景帝看见袁盎进殿,迫不及待地问:"你做过吴国的丞相。现在吴国反了,依你看朝廷该如何应对?"

"吴国的反叛不足忧虑。臣有一策,可以弭兵。"

"说来听听。"

袁盎盯着正在忙碌的晁错,斩钉截铁地说:"臣之所言,人臣不得与闻!"

于是汉景帝只好示意晁错暂时到东厢回避。望着晁错趋出殿门的背影,袁盎冷冷地说:"以微臣愚见,杀了晁错,恢复藩王们被削夺的封地,并赦免他们的反叛之罪,如此兵不血刃,叛乱自息。"

十几天后,丞相陶青领衔群臣,上奏皇帝,请求治晁错腰斩之罪。于是汉景帝封锁了消息,命令中尉把毫不知情的晁错骗到长安东市。晁错身着朝服,慷慨就义。

晁错的死,是自文帝以来西汉文治更化进程的重大挫折,而作为贾谊之后西汉最杰出的智囊,他的仕途遭际甚至比贾谊更让人唏嘘。晁错的失败直接导源于他的削藩策略。这一策略的得失,曾经引发后世巨大的争议。班固在《汉书》中热情地歌颂晁错"为国远虑,世哀其忠",而司马迁则严厉地批评他"变古乱常,不死则亡"。

要读懂晁错誉满天下、谤满天下的人生遭际,要理解七国之乱背后波谲云诡的政治暗战和权力斗争,这一切,都还得从西汉王朝的藩国之患说起。

贰

刘姓藩王谋反的隐患是从汉高祖刘邦死后开始渐渐浮出水面的。

刘邦临死之前曾经与列侯功臣杀白马盟誓,"非刘氏王者,天下共击之",在各方势力的共同认可下建立了一个以异姓功臣辅政中央、以刘姓藩王控扼地方,两方势力相互制衡,皇权居中驾驭的政治格局。刘邦与吕后相继去世之后,汉文帝刘恒正是在这套权力制衡机制的作用下,经过以周勃为首的列侯功臣与以齐王刘襄为首的地方藩王相互妥协而最终登上帝位的。

虽然汉文帝的登基离不开功臣与藩王两方势力的首肯与支持,但当他执掌朝纲之后,这两股巨大的政治势力对皇权产生的强烈压迫感一定令他如芒刺在背。为了解除他们对皇权的威胁,树立自己的绝对权威,汉文帝势必要展开政治布局,逐步削弱这两方势力。

但这实在是一项风险极高、挑战极大的工作,其中尤其困难的是如何在集权的过程中避免功臣与藩王结成同盟,让自己陷入腹背受敌的被动局面。事实上,在此前吕后临朝称制的七年中,刚毅的吕后就犯了这个错误。她一手控扼异姓功臣,一手打压刘姓藩王,客观上促成了双方的联盟。他们最终在吕后驾崩以后发动政变，清洗了诸吕以及吕氏拥护的后少帝刘弘。

为了避免重蹈吕后的覆辙，汉文帝对异姓功臣与刘姓藩王采取了分而治之的策略，具体地说，就是暂时把藩王坐大的问题搁置起来，集中全力首先解决以周勃为首的异姓功臣。

这个策略的实质可以说是"远交近攻"。从汉文帝的立场上看，虽然以齐王刘襄、楚王刘交和吴王刘濞为首的藩王占据了帝国的东、南半壁，但毕竟是手足之疾。而以周勃和灌婴为首的功臣集团坐在京里，左右朝政，才是心腹之患！

为了在扳倒周勃等功臣的过程中解除自己的后顾之忧，汉文帝的每一步政治布局都在竭力避免对刘姓藩王造成不必要的刺激。登基元年（公元前179年）正月便作速册立庶长子刘启为太子，虽然很可能是在周勃等政变功臣的巨大压力下被迫做出的决定，但在确立刘启的接班人地位之前，为了避免刺激藩王们的情绪，文帝仍不忘做出剖心明志的姿态，表明自己的本心其实是希望以选举的方式在刘氏宗亲当中推举藩王贤者继任，但高皇帝"父死子继"的遗训又不得不遵守，这才勉为其难，册立刘启为太子。

到了三月册立皇后之时，汉文帝的生母薄太后甚至特别下诏给即将母仪天下的窦姬，训示她说"诸侯皆同姓"。太后的懿旨应该是惩于吕后的前车之鉴而做出的特别提醒，目的是要警告窦姬千万不能学吕后那样用雷霆手段威服刘姓藩王，导致宗族分裂,骨肉相残。只有家和,才能万事皆兴。

从皇帝到太后,对刘姓藩王表现出的态度都是优容有加,客观上助长了藩王们骄横跋扈的心态,其中最典型的例子便是淮南厉王刘长。

刘邦前后八子,经过吕后时代的血腥斗争,在汉文帝登基之时便只剩文帝刘恒与淮南王刘长哥儿两个了。刘长仗着他是同文帝血缘最亲近的藩王,屡次践踏朝廷法令,但最终都得到了文帝的宽宥。在公元前177年进京朝见的时候,力能扛鼎的刘长宣称自己要为亡母报仇,在没有朝廷授权的情况下擅自杀死了吕后时代的宠臣辟阳侯审食其。天子辇下,首善之区,竟然沦为藩王执行私刑的屠场,而这样明目张胆的行凶犯禁居然得到了皇帝的特旨赦免,这让上自薄太后,下至太子刘启,以及百官公卿都对淮南王产生了畏之如虎的恐惧心态。

以犯颜直谏著称的大臣袁盎就此提醒文帝:

"诸侯大(太)骄必生患!可适削地。"

——《史记·袁盎晁错列传》

但文帝明确地表示了拒绝。

之所以不能在此时动手解决淮南藩国的问题,根本原因不是汉文帝顾念手足之情,而是就在此前不久,绛侯周勃、颍阴侯灌婴、东阳侯张相如等异姓功臣曾经联手逼宫,要求文帝弃用提出"列侯之国"建议的贾谊。屈从于功臣集团的文帝因此被迫放逐了自己最倚重的智囊。在应付功臣集团已经捉襟见肘的情况下，文帝绝不能再开罪刘姓藩王，否则内外交困，他屁股底下那把龙椅很可能就要搬家了！

文帝的"纵容"极大地刺激了淮南王刘长的野心。从长安回国之后，他公然废弃汉朝法律，自作律令，居处出入，处处模仿天子的礼仪待遇。终于，震惊朝野的"棘蒲侯太子谋反案"在公元前174年爆发了，淮南王刘长正是其中的重要参与者。手足兄弟尚且如此，那像吴王刘濞这样与汉文帝结下了杀子之仇的远亲对皇帝、对朝廷还残存几分忠心，便更难作乐观的估计了。

不过，到这时候，陈平、灌婴已死，绛侯周勃已废，三巨头身后的异姓功臣集团已经趋于瓦解，在中央立起权威的汉文帝终于等来了解决藩国问题的时机。

只是这件事具体应该怎么做，是"拆藩"还是"削藩"，汉文帝是要费心掂量掂量的。

叁

藩王谋反，对西汉朝廷来说并不是什么新鲜事。高祖刘邦称帝之后分封的七大异姓诸侯，后来多数都有过谋反的记录，所谓"十年之间，反者九起"（贾谊《治安策》）。

这些藩王谋反的规律，正如贾谊所说：

> "臣窃迹前事,大抵强者先反。淮阴王楚最强,则最先反;韩信倚胡,则又反;贯高因赵资,则又反;陈豨兵精,则又反;彭越用梁,则又反;黥布用淮南,则又反;卢绾最弱,最后反。长沙乃在二万五千户耳,功少而最完,势疏而最忠,非独性异人也,亦形势然也。"

——《治安策》

藩王谋反的根本原因是尾大不掉。一旦地方藩国的势力膨胀到中央难以驾驭,谋反就一定会发生。因此藩国的实力越强,谋反的可能性也就越大。照贾谊的逻辑推论,中央要控制地方诸侯,预防藩国谋反,就一定要限制和削弱藩国的实力。但达成这个目的其实很不容易。其中最困难的一点,主父偃分析道:

> "古者诸侯地不过百里,强弱之形易制。今诸侯或连城数十,地方千里,缓则骄奢易为淫乱,急则阻其强而合从以朝京师。今以法割削,则逆节萌起。前日朝(晁)错是也。"

——《汉书·主父偃传》

削弱藩国最直接的手段是将其领土收归中央直辖,也就是"削藩"。但是"削藩"的困难在于:将分封的藩国领土削夺,改为中央直辖的郡县,它的终极指向是取消封藩,全面实行郡县制,这意味着所有的藩王都将是这个"削藩"政策的牺牲品,一旦有某一藩国的领土遭到中央的削夺,必然引起其余藩国唇亡齿寒的恐惧,这将迫使他们结成同盟,共同对抗中央的削藩政策。

一旦造成这种局面，很容易引发中央难以应付的大规模联合叛乱。

刘邦称帝之后分封的七大异姓诸侯，如楚王韩信、梁王彭越、淮南王黥布等人，都是在楚汉战争的死人堆里爬出来的百战余生者。即使一对一地在战场上较量，刘邦都难有必胜的把握，要是让他们联起手来，那刘邦就只能是第二个被合围在垓下的项羽。所以，在公元前201年十二月韩信被人举报谋反的时候，刘邦虽然用计把他抓了起来并废除了他的楚王爵位，但是对他留下的楚国封地却没有以划立郡县的方式收归中央直辖。相对于"削藩"，刘邦采用了更为务实而稳健的"拆藩"策略，也就是拆解韩信的封地并重新分配：将淮水以西的领土分封给自己的少弟刘交，建立了楚国；将淮水以东的领土分封给自己的同族刘贾，建立了荆国。

这样做的好处，一方面是通过肢解楚国，达到了削弱诸侯的目的；另一方面则是向其他诸侯表明，中央无意全面取消藩国制度，处分韩信只是一个由谋反引发的个案，与他人无关。因此韩信被废并没有引发其他诸侯国的连锁反应，这为刘邦日后将他们各个击破创造了有利的条件。

高祖时代的"拆藩"政策虽然行之有效，但它的执行力度却受到了客观条件的严重限制。正像晁错后来指出的：

> 昔高帝初定天下，昆弟少，诸子弱，大封同姓。故王孽

> 子悼惠王王齐七十余城，庶弟元王王楚四十余城，兄子濞王吴五十余城。封三庶孽，分天下半。
>
> ——《史记·吴王濞列传》

因为刘邦只有三个兄弟、八个儿子，并且儿子们大多年龄尚幼，所以拆藩之后，新建藩国的刘姓诸侯人选相当有限，以至于拆分之后的吴国、楚国等诸侯仍然保持着尾大不掉的态势，这就留下了同姓诸王谋反的遗患。

汉文帝上台之后，为了树立自己在中央的权威，在倾尽全力打压开国功臣集团的同时优容藩国。虽然压制功臣的目的在"列侯之国"政策颁布后逐渐达成，但缺少了异姓功臣的制衡，同姓藩王的威胁日益凸显。济北王刘兴居和淮南王刘长先后谋反，吴王刘濞称病不朝，招亡纳叛。这一个又一个接踵而至的藩国谋反事件已经为文帝此前的怀柔藩国政策亮起了红灯，是时候改弦更张了！

至于限制藩国的具体手段，文帝的思路是遵行高祖时代的"拆藩"办法，尽量避免"削藩"。贾谊为文帝设计的"众建诸侯而少其力"的政策正是在这样的背景下出台的：

> "欲天下之治安，莫若众建诸侯而少其力。……令齐、赵、楚各为若干国，使悼惠王、幽王、元王之子孙毕以次各受祖之分地，地尽而止，及燕、梁它国皆然。其分地众而子孙少者，建以为国，空而置之，须其子孙生者，举使君之。

诸侯之地其削颇入汉者,为徙其侯国及封其子孙也,所以数偿之;一寸之地,一人之众,天子亡所利焉,诚以定治而已,故天下咸知陛下之廉。"

——《治安策》

贾谊的这个策略归纳起来有三个要点:

其一,"拆藩"的具体实施,采用类似于后来汉武帝时期主父偃提出的"推恩令"的方式,也就是藩国封土的继承并非从藩王子嗣中选择唯一继承人,而是由所有的儿子来共同参与分家。这样一来,世代相传的继承必然造成封国领土的持续碎片化,削弱藩国的目的自然达成。

其二,为了规避高祖时代子嗣过少、拆藩不力的困境,遇到藩王子嗣不多而封土很大的特殊情况,先尽量把封国拆分为若干小国,至于国王的人选,可以虚位以待,等着藩王的新生子们降临再往里填充。

其三,所有原属于藩国的领土和人民,只能以"拆藩"的方式授予新建的小国,中央绝不收归直辖。这是为了避免因"削藩"而造成诸侯普遍恐慌,合纵西向,对抗中央的局面出现。

正是按照贾谊的上述建议,汉文帝以谋反罪废黜了淮南王刘长之后,将淮南国拆分为三个小国,分别封给了刘长的三个儿子。至于高祖时代最大的刘姓诸侯国——号称"东秦"的齐国,文帝甚至将它一分为七,齐悼惠王刘肥的六个儿子和一个孙子分别成了这七个诸侯国的新任国君。

后来在"七国之乱"爆发之前,齐地七王之一的胶西王刘卬准备响应刘濞的号召,参与叛乱,胶西国的群臣多数表示反对,他们说:

> "诸侯之地不足为汉郡什二,而为畔逆,以忧太后,非长策也。"
>
> ——《史记·吴王濞列传》

和中央的直辖疆域相比,胶西国的地盘太小,对抗中央,无异于以卵击石。这说明汉文帝和贾谊的拆藩策略的确在一定程度上达到了削弱诸侯的目的。

但其中也有例外,那就是坐断东南的吴国。

吴国是汉高祖刘邦在公元前196年亲手建立的封国,首任藩王是刘邦的侄子刘濞。吴国下辖三郡五十三城的广大领土。因为地处东南,吴国本来就享有煮海水为盐的地利,更兼境内的豫章郡有铜山,方便铸币,当时吴国铸造的铜钱之多,遍布天下。煮盐、铸币两翼齐飞,使得吴国迅速积累了大量财富,经济实力强得令人咋舌。

在汉文帝时期,吴国太子刘贤进京朝觐,在和太子刘启喝酒下棋的时候发生了争执。刘启一怒之下抓起棋盘把他砸死了。这一盘棋酿成的血案让汉文帝刘恒和吴王刘濞这对堂兄弟之间结下了杀子之仇。从此之后,刘濞宣称自己老疾在身,不再对皇帝行朝觐之礼，同时利用自己积攒起来的财富招亡纳叛，卧薪尝胆地进行着反叛的准备。

照理说，对这个领土广阔、财大气粗同时还潜藏逆谋的吴国，汉文帝和贾谊应该优先使用"众建诸侯而少其力"的策略解决它才对，但蹊跷的是，贾谊在《治安策》中提出这一策略，遍数实施的对象——齐、赵、楚、燕、梁，就是没有提到吴国，而《史记·孝文本纪》中也不见对吴国采取"拆藩"措施的记载。

因为历史资料的缺失，我们无法完全了解汉文帝和贾谊刻意回避吴国的原因，但对吴国实施"拆藩"政策的阻力可能很大，甚至根本不具备实施条件，这应该是一个合理的推断。

正是吴国这个水泼不进、针插不进的顽固堡垒，最终成了引爆"七国之乱"的火药桶。

肆

在如何对待吴国的问题上，文景时期的两位智囊贾谊与晁错采取了截然不同的策略。

贾谊的"拆藩"策略应该是把最难啃的吴国先搁置起来，从易于下手的齐国开始肢解。因为齐国早在吕后时期就被一分为四，虽然在汉文帝登基元年短暂恢复原貌，但是转到第二年（即公元前178年），中央又对它采取了"拆藩"措施。当时文帝把原属于齐国的城阳郡和济北郡分割出来，分别封赠给了在诛灭诸吕事件中立下功劳的朱虚侯刘章和东牟侯刘兴居。刘章和刘兴居同是齐哀王刘襄的弟弟，这次封建表面上是犒赏功臣，实际上将齐国肢解为三，达成了削弱齐国的目的。

既然有了这个成功的先例，那么后续的工作就应该把齐国的"样板房"推广到赵国、楚国等其余各诸侯国。等到这些诸侯国都完成肢解，剩下一个势单力孤的吴国，无论它接不接受肢解，无论是要采取和平还是战争的手段来解决它，中央都显得绰有余裕。

贾谊的这个计划，显而易见的好处是稳健，由易到难，步步为营，力争避免"拆藩"演变为平叛战争，实现治愈藩国痼疾的"软着陆"。但这个计划的缺点是完成的周期比较长。要知道，吴王刘濞可是夜以继日地做着反叛的准备，如果在他的力量膨胀之前，中央无法完成对其他藩国的肢解，让吴国抢先发难，那么"拆藩软着陆"的计划就会破产。

贾谊上《治安策》，提出"拆藩"计划，应该在汉文帝前元六年（即公元前174年），可直到二十年后，也就是汉景帝前元二年（公元前155年），这个计划仍然没有完成。因此，时任御史大夫的晁错提出了新的"削藩"计划：

"今吴王前有太子之郄，诈称病不朝，于古法当诛。文帝弗忍，因赐几杖，德至厚，当改过自新。乃益骄溢，即山铸钱，煮海水为盐，诱天下亡人，谋作乱。今削之亦反，不削之亦反，削之，其反亟、祸小；不削，反迟、祸大。"

——《史记·吴王濞列传》

在这个新计划中，晁错提出了与贾谊截然相反的主张，认为眼下解决藩国问题必须从最难啃的硬骨头吴国着手。因为此前二十年的时间里，专挑软柿子捏的"拆藩"策略没能有效地限制吴国的军事和经济实力增长，而其他诸侯国的肢解工作也没有全部完成。时间已经在吴国而不在中央一边了，再这么旷日持久地耗下去，羽翼丰满的吴国一定会主动发兵造反。到了那时，叛乱的规模将难以想象。与其等着吴国造反，不如先下手为强，趁它还没做好准备的时候就直接削夺吴王的封地。一旦吴王刘濞抗旨反叛，随即就用武力手段解决他！

早在汉文帝时代，晁错的"削藩"策略就已经成型，并在贾谊死后就此屡次上书文帝，但谨遵高祖遗策，"拆藩"而不"削藩"的文帝拒绝了这个建议。终孝文之世，晁错的"削藩"主张在朝中应者寥寥，但这并不代表他的策略完全没有市场。

当年贾谊曾经建议汉文帝：

"选天下之端士孝悌博闻有道术者以卫翼之，使与太子居处出入。"

——《治安策》

要选择有道德、有思想、有见解的文官来辅导和培养太子。虽然晁错的削藩策略没有被文帝采纳，但他的政治才华却由此受到文帝的赏识。他成为文帝心中辅导太子刘启的上佳人选。

　　被安排到刘启身边工作之后,晁错深得太子的信任,太子家号其为"智囊"。晁错也借着辅导太子的机会反复向刘启灌输自己的削藩思想。在他的影响下成长起来的刘启登基之后,随即表态支持晁错改变汉朝既往的"拆藩"政策,改用更为强硬的"削藩"手段,力图尽快解决藩国痼疾。

　　正是这次巨大的政策转向导致了西汉历史上最严重的藩王叛乱——"七国之乱"的爆发。之前已经预测到削藩过程中必有叛乱的晁错最终没能完成他朝思暮想的削藩大业。当他的目光紧盯着七个叛乱的东方诸侯的时候,在他身后,一把刀已经悄然出鞘,并在不知不觉中给了他致命一击!

伍

　　削藩一旦开始,吴国一定会发兵反叛。对这一点,晁错有清醒的认识。但是当叛乱真的爆发,不是吴国一国,而是七国诸侯同时起兵,这可能大大超出了汉景帝和晁错的预料。所以当袁盎告诉景帝"吴国的反叛不足忧虑,很快就会平定"的时候,景帝当即表示了质疑:

　　"吴王即山铸钱,煮海为盐,散财以招天下豪杰。如今白头举事,如果没有万全的准备,他能下决心动手?"

叛乱的规模超出预期,同晁错执行削藩政策的失误有直接的联系。

当初向汉景帝上《削藩策》的时候,晁错分析得明明白白:削藩过程中最大的阻力来自吴国,它一定会武力阻挠朝廷的削藩大计。既然如此,在削藩一开始就应该把其他的诸侯国先搁置起来,力争孤立地解决吴国问题。

但事实上晁错并没有这样做。公元前155年,先削掉了赵国的河间郡,胶西国的六个县;公元前154年,又削掉了楚国的东海郡。抡起拳头砸了一圈儿,这才动手去削吴国的豫章郡和会稽郡。这种四面树敌的行为等于把受罚的藩王们统统推向了刘濞一边,这才有了吴国领衔七国,发动叛乱的恶果。

客观地看待这场发生在帝国东方的叛乱,即便七个藩国联合起来对抗中央,以汉朝直辖的领土、人力、财力与之相较,中央仍然占有明显的优势。朝廷出兵之后,短短三个月就基本平定了叛乱,这便是最好的证明。实际上,在叛乱发生的当时,对汉景帝和晁错威胁最大的并不是吴楚七国,而是另有其人!

在《汉书·晁错传》中记载了这样一件饶有深意的事情:

当吴楚七国发动叛乱的消息传到京师,晁错与汉景帝紧急商量出军应对。晁错提出,请景帝御驾亲征,自己坐镇关中保障后援。

晁错提出这个建议,表面上看是模仿汉高祖刘邦和相国萧何的故事：当年汉朝分封的异姓诸侯国发生叛乱的时候，总是高祖刘邦东出函谷，摧锋陷阵，相国萧何坐镇关中，足兵足食。但我却觉得，晁错的这个建议其实是在掩饰一个尴尬而危险的事实，那就是晁错和汉朝的功臣武将之间矛盾太深了。在叛乱开始的时候他们大多数表现出消极怠工的态度，晁错手里无人可派，这才不得已奏请景帝御驾亲征！

文景时代，功臣武将与智囊文官的矛盾由来已久。在汉文帝刚即位的时候，朝中辅政的重臣都是高祖时代从龙起兵的军功勋贵，为首的就是周勃、陈平、灌婴三巨头。鉴于他们此前曾经发动政变，诛灭诸吕和后少帝刘弘，汉文帝对这个功臣集团保持着高度的戒心。在智囊贾谊的建议下，文帝出台了"列侯之国"政策，将军功起家的列侯功臣们陆续遣返封国，引入文官，逐渐取代军人政治家的地位。正是在这个人事换血的过程中，爆发了第一次功臣武将和智囊文官的激烈冲突，标志性的事件是公元前177年周勃、灌婴等人为了阻止贾谊登上公卿之位，联手逼宫，文帝被迫将贾谊贬为长沙王太傅。

虽然贾谊遭到了贬谪，但在汉文帝的持续打压之下，功臣武将的势力急剧萎缩，到了汉景帝登基的时候，他们已经无法在朝中对皇权构成挑战了。所以司马迁说：

孝文施大德，天下怀安。至孝景，不复忧异姓。

——《史记·孝景本纪》

自太子时代就在文官教导下成长起来的汉景帝刘启坚定地继承了父亲汉文帝刘恒的文治更化思想,重用智囊文官,抑制功臣武将。有了皇帝的绝对权威做后盾,以晁错为代表的新一代智囊文官的影响力急剧膨胀,而这也直接加剧了他和功臣武将的权力斗争。

司马迁在回溯这段历史时说:

> 袁盎诸大功臣多不好(晁)错。
>
> ——《史记·袁盎晁错列传》

汉景帝登基之初,晁错只是区区一个内史,却总能获得单独面圣、密议国政的机会。景帝对他言听计从,宠遇之隆,冠于九卿。这让丞相申屠嘉大为不满——申屠嘉自高祖时代就投身军旅,从材官厥张(即武卒)做起,一步步走到丞相的位置,是一个典型的功臣武将——皇帝总向晁错问计军国,这等于间接架空了丞相。

正是这种情况下,爆发了文景时期功臣武将同智囊文官的第二次激烈冲突。当时丞相申屠嘉收到报告,晁错为了从内史府中出入方便,新开了两道门,把临近的太上皇庙的壖垣(墙外的矮墙)给凿穿了。申屠嘉准备抓住这条小辫子,劾奏晁错大不敬之罪,要置他于死地。晁错得到消息,抢在申屠嘉上奏的前一天晚上面圣陈情。等到申屠嘉跟汉景帝报告"晁错没有得到朝廷的批准,擅自把太上皇庙的庙垣凿穿了,其罪当诛"的时候,景帝却不以为然：

"丞相的奏报不确切吧？晁错凿的并非庙垣，只是壖垣罢了。"

羞愤交加的申屠嘉被迫向皇帝谢罪，并在不久之后抑郁而终。

申屠嘉和晁错的这次交锋，胜负之势同文帝时代周勃与贾谊就"列侯之国"事件发生的冲突相较，来了个一百八十度的大转变。当初文帝不得不屈从周勃等人的压力放逐贾谊，但现在景帝却可以无视申屠嘉的怒火，力挺晁错。这说明到了此时，在皇权的支持下，智囊文官已经对功臣武将取得了压倒性的政治优势。

在申屠嘉死后，晁错随即被任命为御史大夫。这已经是拜相的前兆了——晁错之前的三任御史大夫张苍、申屠嘉和陶青都先后登上了相位。如果晁错也能成功地登上相位，那就意味着自文帝时代开启的文治更化进程获得了最终的成功，军人政治的时代落下大幕。

但就在这收官之前的一刻，功臣武将却抓住了最后的机会实施绝地反击，成功地杀死了晁错，这个胜负逆转的机会就是削藩。

对晁错的削藩主张，大多数功臣武将都持反对态度。因为这违背了高祖皇帝和开国功臣共同订立的"白马之盟"。"白马之盟"约定：

其一，非刘姓宗亲不得封王，非有军功者不得封侯；

其二，国以永存，施及苗裔。

刘姓藩王的封土是经过高祖首肯的合法所得，就像功臣武将们用生命和鲜血换来的列侯爵位一样。在功臣们看来，晁错削藩是在夺人家的祖产，增加自己的资本。一旦让晁错削藩成功，智囊文官必将因为这一政治资本而在朝中获得更大的话语权，到那时功臣武将会遭到更加严重的压迫。

有鉴于此，功臣武将们对晁错削藩几乎保持着一致的反对意见，其中态度最激烈的是袁盎和窦婴。袁盎和晁错因此闹到势同水火，连同堂说话都不能够。晁错坐下了，袁盎就要走；袁盎来了，晁错就拂袖而去。

至于窦婴，当汉景帝命令群臣集体讨论晁错提出的削藩策的时候，其他公卿、宗室、列侯都因为顾忌皇帝的支持态度而以沉默抗议，窦婴却挺身而出，面折廷争，并因此跟晁错翻脸。

当削藩在汉景帝的支持下有序进行的时候，晁错取得了政治主导权，袁盎和窦婴罢官闲居，功臣武将被迫边缘化。现在削藩削出了这么大的乱子，吴楚七国同时反叛，要靠枪杆子来摆平的时候，晁错就不灵了，景帝必须请功臣武将们出山救急。可是窦婴应召面圣，死活就是不同意出任大将军，坚称身体有病，难以胜任。景帝都急了，跟他嚷嚷：

"天下方有急，王孙宁可以让邪！"

——《史记·魏其武安侯列传》

"你别忘了,咱们可是一家人!"

"行吧。不过有个人陛下得先见一见。"

于是就出现了本章开头的那一幕:窦婴在出征之前领着袁盎进了皇宫,跟景帝进言:欲弭兵祸,先诛晁错!

窦婴和袁盎两位功臣武将先后做过吴王刘濞的丞相,他们不可能不知道,"诛晁错,清君侧"只是刘濞造反的借口。事实上刘濞在反叛的檄文里已经说明了这一点:

"寡人节衣食之用,积金钱,修兵革,聚谷食,夜以继日,三十余年矣,凡为此!"

——《史记·吴王濞列传》

晁错削藩就是前一年才开始的事,可刘濞已经处心积虑地准备三十年了,三十年前天下有谁听说过晁错呢?

但窦婴和袁盎仍然坚持要汉景帝杀了晁错,这实际上就是拿吴楚七国的反叛跟皇帝叫价:杀了晁错,放弃智囊文官,重新重用功臣武将,平叛的事儿我们帮你搞定!

这是一个真正的生死关头,汉景帝必须要慎重地权衡利害了。如果他还选择继续重用晁错,那就必然失去功臣武将的支持,他将被迫像晁错建议的那样御驾亲征。到了那时,前方有锐不可当的吴楚叛军,后方有心怀叵测的功臣武将,腹背受敌,从前发生在诸吕和后少帝刘弘身上的悲剧很可能就要降临到他的头上了。

我想,这时的汉景帝或许会想起父亲汉文帝刘恒临终前交代给他的遗言:

"即有缓急,周亚夫真可任将兵!"

——《史记·绛侯周勃世家》

可周亚夫就是开国功臣周勃的儿子啊!晁错不死,这个功臣二代会临危受命吗?

到了这个地步,不放弃晁错,就只能与他同死!那样的话,列祖列宗的江山社稷,文治更化的未竟事业,就全都完了。面对袁盎的要求,汉景帝思虑再三,终于说出了这样一句意味深长的话:

"顾诚何如,吾不爱一人以谢天下!"

——《史记·吴王濞列传》

"顾诚何如",说明景帝对袁盎描述的"杀了晁错,吴楚自会罢兵"的前景并不相信。但他仍然接受了杀掉晁错的建议,因为他不是要"谢诸侯",而是要"谢天下"。景帝赔罪的对象,表面上是七位反叛于东方的藩王,实际上却是朝中作壁上观的功臣武将。

就在汉景帝流露出妥协的意思后,丞相陶青、中尉嘉、廷尉张欧联名上奏,敦促景帝,要求像当年周勃灭诸吕那样,将晁错

一族斩尽杀绝:

> "(晁错)亡臣子礼,大逆无道。错当要(腰)斩,父母妻子同产无少长皆弃市。"
>
> ——《汉书·晁错传》

陶青是开国功臣、开封侯陶舍的儿子;张欧是开国功臣、安丘侯张说的儿子。至于"中尉嘉",虽然《汉书·百官公卿表》中没有记载他的姓氏,但他担任的中尉一职正是接替了新被提拔为太尉的周亚夫的职务,而且将晁错骗到东市,执行腰斩的正是此人。可以推断,他应该也是功臣武将集团的一分子。

正是在功臣武将的合力逼迫下,汉景帝终于将晁错的人头摆上了出征的祭台。

陆

晁错死后,窦婴、袁盎、栾布等赋闲的功臣武将纷纷复出,同周亚夫和郦寄等功臣二代联手,仅仅花了三个月的时间就基本平定了七国之乱。但是对汉景帝来说,威胁最大的藩王并未消除。因为这个人不是挑起七国之乱的吴王刘濞,而是他的胞弟——梁孝王刘武。

梁孝王刘武是平定七国之乱的大功臣。若非他治下的梁国拼死坚守,挡住了吴楚叛军的西进之路,太尉周亚夫就不可能以逸待劳,在三个月的时间里将刘濞一举击溃。但浴血奋战的刘武可不在战场上卖傻力气,他真正的盘算是要做汉景帝刘启的接班人。

汉景帝刘启同梁孝王刘武兄弟俩关于皇位继承权的争夺,简直就是一出西汉版的"郑伯克段于鄢"。这个故事的前因还得从七国之乱发生前说起。

七国之乱爆发的前夕,梁孝王刘武来朝。汉景帝同梁王燕饮,席间从容地对梁王说道:

"千秋万岁后传于王。"

——《史记·梁孝王世家》

汉景帝为什么要说"死后让梁王继承皇位"?关于这个问题,电视剧《汉武大帝》是这样还原"案发现场"的:

因为梁孝王刘武是窦太后最疼爱的小儿子,太后舍不得让他之国,想留他在身边,所以提出让梁王做储君。汉景帝被这一突如其来的要求打了个措手不及,碍于母亲和胞弟的情面勉强应承,随即又在外戚窦婴的提示下改口说自己"一时没想好,话就说不周全"。

这个情境还原,有两点同司马迁的记载相冲突:

第一,据《史记·梁孝王世家》,主动提出让梁王嗣位的是汉景帝本人,而不是他的母亲窦太后。窦太后仅仅是在景帝提出这个意见之后表示了高兴。

第二,司马迁说汉景帝提出这个建议的时候是"从容言曰",

而不是"失言曰"。"从容言曰"是什么意思呢?我们可以看这个语例:

> 晁错为太子家令,得幸太子,数从容言吴过可削。
>
> ——《史记·吴王濞列传》

削藩是晁错计深虑熟的主张,他对太子刘启陈述自己的削藩意见不可能"失言",更不可能"屡次失言"。所以,"从容言"是考虑成熟之后才出口的话。

汉景帝为什么要说这番话,让人费解;而说出此话之后,刘武的反应更是蹊跷:

> 王辞谢。虽知非至言,然心内喜。
>
> ——《史记·梁孝王世家》

汉景帝说"传位于梁王"并不是出自肺腑的真心话,这一点,刘武心知肚明。所以对皇帝假惺惺的"好意",他表示了谦让。但皇帝的这番话仍然让他感到高兴——世上哪儿有这么笨的人呢?明知道拿了个画饼,还挺知足?!

在我看起来,《梁孝王世家》里面这一段看似简单的记载,背后隐藏着许多政治斗争的暗算与角力。

汉景帝对梁王刘武说要传位于他,应该是深思熟虑之后的话。而且就算他再不情愿,这番话也是不得不说的。因为,为了预防在近期内可能因削藩而发生的藩国叛乱,景帝急需梁国的鼎力相助。

早在文帝时代，贾谊在《治安策》中就曾指出，梁国是中央防范齐、赵等东方诸侯的重要前沿阵地，必须牢牢地控制在手中。当初，汉文帝正是根据贾谊的建议把刘武封到梁国去的。为了让梁国成为关中地区的有力屏障，文帝一口气把北界泰山，西至高阳的四十余座城池尽数封给了刘武。

但汉文帝使得动梁王并不代表景帝也能使得动他。因为汉朝的传国制度是父死子继，对刘武来说，文帝刘恒是父亲，父亲去世，他是有机会继位的。他同文帝可以借此结成一个利益共同体，联手应对其余刘姓诸侯。

可汉景帝刘启只是刘武的哥哥。他跟梁王的关系本质上同跟吴、楚等其他藩王的关系并无区别，都是中央和地方藩国的关系。现在朝廷要削藩，作为藩国之一的梁国，它的政治诉求、利益关切应该同吴、楚等藩国是一致的。景帝想把梁国从诸侯的行列里拉到自己身边来，调转枪口对准吴、楚，他能开出什么让梁王心动的条件呢？

答案只能是：传位于梁王。

所以，汉景帝对刘武说的这番话，虽然言不由衷，却是想清楚了才说的。

可是梁王刘武拿着皇兄画的大饼，为什么又这么高兴呢？这大概是因为他背后有窦太后的鼎力支持。窦太后之所以支持梁王继位,应该是希望在汉朝中央政府同地方藩国矛盾日益加剧的情况下,中央始终能有一位强有力的成年君主来控制藩王势力,维持朝政稳定。这样算起来,让刘武继位比让刘启的幼子继位要更保险。而且,坐皇位的是刘启还是刘武,对窦太后来说区别并不大,反正都是她的亲儿子嘛。

如果汉景帝不主动提出传位给梁王,就算窦太后支持刘武也没用,因为父死子继的传国祖制不能随意更改。但现在皇帝松了口,即便他言不由衷,但在太后的支持下,梁王刘武也大可以为此奋力一搏。看到了继位的希望,应该才是刘武窃喜的原因。

从上述分析可以看出,在七国之乱爆发前夕,汉景帝刘启和梁孝王刘武虽然仓促结成政治同盟,但其实兄弟俩都心怀鬼胎,各有算计:景帝盘算着拿刘武当枪使,在战争爆发之时将叛军挡在睢阳以东;梁王刘武则惦记着挟战胜之功逼迫刘启承认他的皇位继承权。

这样的联盟关系注定是短暂而脆弱的。七国之乱刚一平定,汉景帝和梁孝王哥俩就开始掰手腕了。

就在叛乱平定之后的第二年,汉景帝违背了当初的承诺,立庶长子刘荣为太子。作为补偿,梁王得到了丰厚的物质赏赐:

> 于是孝王筑东苑,方三百余里。广睢阳城七十里。大治宫室,为复道,自宫连属于平台三十余里。得赐天子旌旗,出从千乘万骑。东西驰猎,拟于天子。出言跸,入言警。招

> 延四方豪桀，自山以东游说之士，莫不毕至。……梁多作兵器弩弓矛数十万，而府库金钱且百巨万，珠玉宝器多于京师。
>
> ——《史记·梁孝王世家》

当初的吴王刘濞，即山铸钱，煮海为盐，招亡纳叛，不朝京师。有此四条，就已经让汉景帝寝食难安了。而现如今的梁国呢，财富不比吴国少，军力不比吴国弱，梁王的排场已经与天子分庭抗礼，更要命的是它与京师的距离远比吴国近得多！

患生肘腋，祸起萧墙。梁国在七国之乱以后的迅速壮大已经注定了刘启与刘武两兄弟最终决裂的结局。

汉景帝中元七年（公元前150年）十一月，景帝下诏废除了刘荣的太子名位。身在京师的梁王刘武感觉自己的机会来了，于是在窦太后的支持下对皇位继承人的宝座发起了最后的冲击，但未获成功。他为什么失败？司马迁说这是汉朝宫廷的秘密政治，外人无从知晓。但是从梁王夺嫡的蛛丝马迹看，以窦婴和袁盎为代表的功臣武将应该是其中最大的阻力之一。

西汉自高祖时代延续下来的政治格局是异姓功臣辅政中央，刘姓藩王镇抚地方。藩王进京继位，会打破这种政治生态的平衡，在七国之乱中凭借军功而再度崛起的异姓功臣们是不会答应的。所以在梁王继位的问题上，窦婴和袁盎都表示了反对，这一点《史记》当中有明确的记载。

在刘武这一次争夺继承权失败以后，当年四月，汉景帝册立胶东王刘彻（即后来的汉武帝）为太子，这意味着梁王刘武彻底失去了继承皇位的可能。失望的梁王将怒火发泄到反对自己继位的袁盎等大臣身上，派遣刺客进京刺杀了袁盎。

长安城里迅速飘散的血腥味随即招来了汉景帝对梁国的怀疑。经过对刺客的审讯，梁国买凶杀人的犯罪事实逐渐浮出水面。但是对于梁王刘武，景帝没有祭出收拾吴王刘濞的手段来对付他。这并非景帝仁慈，而是因为用雷霆手段处置刘武的话，万一逼反了他，梁国这个七国之乱时为皇家站岗的卫兵转头就会变成烧杀抢掠的暴徒。那样一来，汉朝的战略纵深将比七国之乱时后退上百公里，战火将在家门口点燃。

有鉴于此，景帝选择了妥协。梁王刘武抛出公孙诡和羊胜两个替死鬼来顶罪，他也勉强接受了。但自此以后，梁王在景帝的压制下逐渐失势，终于在五年以后抑郁而终。

刘武一死，汉景帝随即将梁国肢解为五个小国，分别册立刘武的五个儿子为王。由此，对西汉中央政府构成威胁的最后一个强藩终于黯然落幕。

柒

梁孝王刘武在公元前144年黯然离世。就在他死去的第二年，戡定七国之乱的最大功臣——条侯周亚夫也步了他的后尘。

周亚夫的死同梁孝王刘武前后相继并非偶然,因为他同样是令汉景帝忌惮的政治对手。

凭借着在战场上横扫吴楚叛军的盖世武功,周亚夫在七国之乱平定后的第五年坐上了首辅宰相的位置。这时的他,同当年诛灭诸吕、迎立文帝时的父亲周勃一样,在皇帝面前具有举足轻重的分量。司马迁说:

> 景帝甚重之。

——《史记·绛侯周勃世家》

这仿佛是周勃当年政坛辉煌的回光返照:

> 绛侯(周勃)为丞相,朝罢趋出,意得甚。上(汉文帝)礼之恭,常自送之。

——《史记·袁盎晁错列传》

相权强势,必然会对皇权形成压迫,最明显的特征就是宰相抑制外戚势力的崛起。

在西汉,外戚始终是皇权最亲密的政治同盟。从高祖刘邦到景帝刘启,皇帝对外戚都是一如既往地信任和重用。刘邦当年之所以把皇位传给惠帝刘盈,很大程度上是要借重吕后及其家族的支持。

外戚势力的膨胀必然会对朝中辅政的功臣列侯形成威胁,因此在吕后驾崩之后,以周勃为首的功臣集团发动政变,清洗了吕氏，并选择了外戚势力最弱的代王刘恒继承皇位。

可继位的汉文帝刘恒为了对抗周勃过分强势的相权，仍然必须借助外戚。在他从代国带来京师的旧班底中，舅舅薄昭第一个封侯就是最好的证明。在文帝朝，皇权与周勃的相权之争焦点也在外戚身上，具体地说，是在窦皇后的两个兄弟身上。

在文帝册立窦姬为皇后之后，她的两个弟弟窦长君和窦广国都因此获得了丰厚的金钱、田宅的赏赐。可对他们哥俩，周勃、灌婴等功臣武将保持着高度的警戒与敌视，就像看待当年的吕产、吕禄一样。周勃同灌婴等人商量说：

"这哥俩出身寒微，没接受过良好的教育，必须慎重地为他们聘请师傅、宾客。否则让他们效法吕产、吕禄，你我都会死无葬身之地！"

周勃的言下之意，是要在窦长君和窦广国身边安插眼线，把他们监视起来。正是因为功臣集团的压制，终文帝之世，二人都没能够获得封侯的爵赏。直到景帝上台以后，功臣集团式微，外戚窦氏才等来了封侯的机会。而这时，窦长君已经去世，获得封爵的是他的儿子窦彭祖。弟弟没能在有生之年封侯，这在窦太后的心里留下了永远的遗憾。

现在，新的皇后王氏已经获得了景帝的册立，在他的哥哥王信的封侯问题上，窦太后又和故丞相周勃的儿子，现任丞相周亚夫较量上了。

当窦太后向景帝提出"皇后的哥哥王信应该封侯"的建议时,景帝回答说:"这件事要跟丞相商议。"但丞相周亚夫对此表示了斩钉截铁的拒绝。他说:"高皇帝当年同功臣们订立'白马之盟'——非刘姓不得封王,非有功不得封侯。虽然王信是皇后的哥哥,但一寸功劳也没有。封他为侯,是违约的!"

周亚夫在此时抬出汉高祖刘邦的"白马之盟",显然是要把"封侯"变成功臣武将集团的专属权力,不允许外戚染指。挟着平定七国之乱的余威,功臣集团的领袖周亚夫在皇帝面前显得说一不二。而面对周亚夫的强势,汉景帝务实地选择了隐忍。

对汉景帝来说,自己的大舅子不能封侯,他可以忍;但如果自己看中的儿子将来不能顺利登上皇位,他就忍无可忍!而恰恰是在建储的问题上,以周亚夫为首的功臣集团又同景帝发生了激烈的冲突。

公元前 150 年,因为母亲栗姬失德,太子刘荣被汉景帝废黜。在景帝提议废黜刘荣的时候,平定七国之乱的两位大功臣魏其侯窦婴和条侯周亚夫都表示了激烈的反对。窦婴和周亚夫之所以要力挺刘荣,很可能是因为忌惮窦太后的小儿子梁孝王刘武。要知道,窦太后可是一直希望让刘武做储君的,而且在七国之乱前,景帝曾经亲口说过"千秋万岁后传位于梁王"。

当初景帝说出这句话的时候,窦婴当即就批驳了皇帝的"谬论":

> "天下者,高祖天下,父子相传,此汉之约也,上何以得擅传梁王!"

> ——《史记·魏其武安侯列传》

如今窦婴身为太子太傅,从身份上、从政治立场上都不能不为废太子刘荣奋力一争。

至于条侯周亚夫,在当年平定七国之乱的过程中,他选择在昌邑坚壁清野,以梁国为诱饵来削弱、疲敝吴楚叛军。无论梁孝王刘武在叛军的强大攻势之下如何高声求救,哪怕请出皇帝的圣旨,他都拒不发兵。这让刘武对他产生了非常恶劣的印象,总是借故在窦太后面前说周亚夫的坏话。因此梁王入京为嗣,对周亚夫来说也将是一场灾难。

虽然周亚夫和窦婴反对废黜刘荣,极有可能是针对梁孝王刘武而发,但在汉景帝看来,周亚夫等大功臣这样维护废太子,那他们对新任太子的忠诚就可能存疑了。联系到周亚夫反对新任太子刘彻的舅舅王信封侯的事件,这必然加重景帝对他的疑虑。尽管窦婴和周亚夫在废太子事件之后先后罢官,但身染重疾、命不久矣的汉景帝对自己死后新皇帝能否镇得住这帮功臣勋旧十分担心。

为了试探周亚夫的忠诚,景帝特意在禁宫摆了一桌酒,请他赴宴。周亚夫落座以后,发现自己的席位上只有一大块没切开的熟肉,既没有割肉的刀,也没有摆筷子。周亚夫心里有气,扭头喝令主席的人拿双筷子来。正在他发声的当口，景帝盯着他笑道："这是我的安排，将军有什么不满意的吗？"

听到这句话，周亚夫被迫免冠谢罪，退出了殿外。望着周亚夫离去的背影，景帝意味深长地说：

"此怏怏者，非少主臣也！"

——《史记·绛侯周勃世家》

周亚夫从来就不是一个唯君命是从的将军。汉文帝后元六年（公元前158年），匈奴来犯，当时身为河内太守的周亚夫奉命驻军细柳。皇帝要亲临犒军，但他的部下却披坚执锐把皇帝的先驱官挡在辕门之外，说"军中只闻将军令，不闻天子诏！"

要知道，这可是严重违反政治原则的话。虽然周亚夫的严于治军在匈奴入侵的特定情况下得到了汉文帝的赏识，但功臣武将对皇权的威胁却是文、景两朝皇帝时刻警惕的。

我想，当汉景帝说出"非少主臣"的时候，他很可能是想起了前朝的往事：想当年，在吕后驾崩之后，对吕后压制功臣的政策不满的太尉周勃就是通过发动政变的方式血洗了吕氏，并且还把后少帝刘弘等四位惠帝的庶子全部杀死。现在自己病入沉疴，眼看着就要油尽灯枯，将来的少年皇帝刘彻和条侯周亚夫会不会成为第二个刘弘与周勃呢？

要保住儿子，就不能留下周亚夫！

何况到了这个时候，梁孝王刘武已死，梁国已经被一分为五,放眼天下,再没有哪个刘姓藩王能够对皇权构成威胁了。狡兔死,走狗烹。藩王们的威胁解除,功臣武将也就没有了用武之地,他们也该到谢幕的时候了。

就在这场"鸿门宴"之后不久,条侯周亚夫被诬参与了一桩谋反案,就像当年周勃被诬谋反一样。周亚夫也被景帝投入了监狱。不幸的是,这时的周亚夫不会再有薄太后和贾谊来为他陈情了,五天之后,因为绝食,周亚夫死在了廷尉狱中。

周亚夫的死标志着一个时代的终结。至此,汉朝开国以来一直延续的异姓功臣与刘姓藩王相互制衡的权力格局宣告解体,一个新的文治昌明的盛世即将拉开帷幕。

汉匈战争

壹

遥远的地平线的尽头,凛冽的北风掀起大漠黄沙,滚滚而来。风声里,有杂沓纷乱的马蹄声,有声如响箭的啸叫。渐渐地,黄尘卷近,大地开始震颤。影影绰绰地,有无数身背长弓、手执利刃的勇士闪烁在昏暗的日影中。正当人们努力睁大双眼,想要看真前方究竟是何人物的时候,那些马背上的勇士已经铺天盖地而来,冲到了夯土的城墙之下,接踵而至的,便是血腥的屠戮……

公元前166年,戍守在朝那塞(今宁夏彭阳)上的汉军士兵所看到的,就是这样一幕恐怖的场景。那年冬天,匈奴老上单于亲率十四万骑攻破朝那、萧关,一路烧杀抢掠,前路军锋直逼渭北的甘泉宫。站在渭南的长安城上向北眺望,广阔的平原处处狼烟,烽火星布。敌人已经打到家门口来了!虽然怒不可遏的汉文帝刘恒钦点了六大将军,举尽全力以反击匈奴的侵略,但汉军所能做到的,也仅仅是将匈奴人"礼送"出塞而已,丝毫伤不到那些强盗的皮毛。从攻破朝那到全身而退,老上单于在西汉的腹心之地——渭河平原上大模大样地逗留了整整一个月,而近在咫尺的汉文帝却拿他毫无办法。在中原王朝对抗北方民族的历史上,大概也只有明末的崇祯帝,在清太宗皇太极发动的那几次入口之战中才品尝过这么窝囊的滋味吧?朝气蓬勃的西汉不是行将就木的大明,一手开创了文景之治的汉文帝更不可与刚愎自用的亡国之君崇祯同日而语,但奇怪的是,西汉王朝最严重的边患都集中发生在文帝执政的这二十四年间:

文帝前元三年(公元前177年)五月,匈奴右贤王入居河南地,驱骑入侵上郡,长安告警;

文帝前元十四年(公元前166年)冬天,老上单于亲御戎行,陷朝那,破萧关,烧回中,至甘泉;

文帝后元六年(公元前158年)冬天,六万匈奴铁骑兵分两路,攻入上郡、云中,首都保卫战的警报再一次响彻长安城的上空……

《中国军事通史·西汉军事史》一书就此评述说:

> 从汉高祖到汉文帝初期的20多年间,西汉王朝由于经济和军事实力的限制,对匈奴基本采取妥协政策,用和亲、

开放关市的办法,以换取边境的安宁。

汉文帝真是因为国力不敌,才无奈地任匈奴人在塞南为所欲为吗?恐怕未必。文帝时期投靠匈奴的燕人中行说曾经对老上单于说过:"匈奴人众不能当汉之一郡。"(《史记·匈奴列传》)对那些使用冷兵器作战的古代国家来说,人口数量是决定国力与军力的关键因素。

囿于极其有限的传世史料,中行说的这句话几乎成了描述匈奴人口规模的权威论断,直到今天还在各类历史研究著作中被一再引用。可是很少有人注意到,这句话的描述其实相当模糊。以《汉书·地理志》所载汉郡资料来说,大郡如颍川、汝南,人口都在二百万以上;至于人口稀少的小郡如武陵,人口还不足二十万。同为汉郡,差距何止十倍。到底中行说口中的"汉之一郡"是多大数目呢?要解索答案,我们不妨参考一下《汉书·西域传》里边的一段旁证资料——据班固所载,与匈奴同俗的大月氏国:

户十万,口四十万,胜兵十万人。

从这里看,北方游牧政权治下的人口总数和军队人数比例可以达到四比一。而根据《史记·匈奴列传》的记载,公元前200年发生在汉高祖刘邦与匈奴冒顿单于之间的白登战役,匈奴总计投入了四十万精锐骑兵参战。照此推论,鼎盛时期的匈奴应该拥有约一百六十万左右的人口——当然,四十万参战军队的数字并不一定准确，司马迁在别处提及匈奴军力，总说三十余万。因此班固在《汉书·匈奴传》中记述白登之围，便将这四十万改作了三十万。要照这样算来，匈奴的人口总数还要更少——的确还抵不过规模最大的几个汉郡。

不但人口基数差距很大，在军队装备和军事素质等方面，汉军相对于匈奴骑兵也有更多优势。太子家令晁错曾在给汉文帝的上疏中仔细分析过汉、匈两军的优长与劣势。他说：

> "今匈奴地形技艺与中国异。上下山阪，出入溪涧，中国之马弗与也；险道倾仄，且驰且射，中国之骑弗与也；风雨罢劳，饥渴不困，中国之人弗与也：此匈奴之长技也。若夫平原易地，轻车突骑，则匈奴之众易挠乱也；劲弩长戟，射疏及远，则匈奴之弓弗能格也；坚甲利刃，长短相杂，游弩往来，什伍俱前，则匈奴之兵弗能当也；材官驺发，矢道同的，则匈奴之革笥木荐弗能支也；下马地斗，剑戟相接，去就相薄，则匈奴之足弗能给也：此中国之长技也。以此观之，匈奴之长技三，中国之长技五。"
>
> ——《汉书·晁错传》

相比于汉军，匈奴骑兵的主要优势是善于长途奔袭。匈奴马匹的越野能力超过汉马，骑兵的骑术优于汉骑。因为战士与战马的耐受力都很突出，匈奴武装力量的大范围长距离机动能力要明显强于中原军队。但是游牧骑兵的劣势与他们的优势一样突出：

从武器装备来说，匈奴骑兵的弓箭射程和铠甲防护能力都比不了汉军，至于战术素养，差距就更大。汉军在车、骑两兵种的相互配合下，于平原作战中能够利用密集突击轻易冲散匈奴骑兵的队形。经过严格训练的汉军骑兵可以做到万箭齐发，而匈奴的革甲木盾难以招架倾泻而下的箭雨。更不必说匈奴专倚骑兵，作战样式单一，一旦离了战马，步行格斗就更不是汉军步兵的对手了。

从晁错所说来看，面对匈奴骑兵，汉朝军队在纸面上更有优势。可书生口里的这支优势军队真上了战场，表现却令人沮丧。其中最刻骨铭心的失败无过于公元前200年的白登之围。在楚霸王项羽跟前尚且无所畏惧的刘邦居然落入了冒顿单于设下的包围圈，差一点让土木堡之变的故事提前一千多年上演。高祖皇帝御驾亲征的失利在汉朝人心中投下了浓重的阴影。刘邦死后，冒顿单于致书刘邦的遗孀吕雉，言语之间颇多轻慢调戏之意。刚毅的吕后勃然大怒，召集诸将，议欲出兵。她的妹夫、上将樊哙第一个站出来，拍着胸脯表态说："愿得十万众，横行匈奴中！"耿介的季布当场厉声批驳樊哙道：

> "樊哙可斩也！夫高帝将兵四十余万众，困于平城，今哙柰（奈）何以十万众横行匈奴中，面欺！"
>
> ——《史记·季布栾布列传》

此言一出，朝堂之内鸦雀无声，出兵之议因此无疾而终。"连高皇帝都败在匈奴人手里，我们又能做得了什么呢？"后来的许多年里,面对匈奴频繁的南侵,只要有人提出武力反击的动议,这个声音就会像魔咒一样回响在未央宫的大殿上。谈匈色变,畏敌如虎,汉朝因白登之围而产生的恐慌似乎有些过分了。白登之围真的败得那么惨吗?让我们来还原一下这场战役的经过。

《史记·匈奴列传》载:

> 匈奴大攻围马邑,韩王信降匈奴。匈奴得信,因引兵南逾句注,攻太原,至晋阳下。高帝自将兵往击之。会冬大寒雨雪,卒之堕指者十二三。于是冒顿详(佯)败走,诱汉兵。汉兵逐击冒顿,冒顿匿其精兵,见其羸弱,于是汉悉兵,多步兵,三十二万,北逐之。高帝先至平城,步兵未尽到,冒顿纵精兵四十万骑围高帝于白登,七日,汉兵中外不得相救饷。

公元前201年,匈奴大举南侵,被刘邦徙封于马邑的韩王信为图自保,变节投敌,汉朝北疆由此藩篱洞开。匈奴骑兵长驱直入,逼至晋阳。刘邦被迫御驾亲征,发起反击。司马迁接下来的叙述较为笼统,很容易给人造成一种错觉,好像刘邦甫一北上就轻敌冒进,陷入了重围。但这并非事实。在《史记》的另一篇《韩信卢绾列传》中,太史公对战役的前期进展有更详细的描述:

> 七年冬,上(刘邦)自往击,破(韩王)信军铜鞮,斩其将王喜。信亡走匈奴。其与白土人曼丘臣、王黄等立赵苗

裔赵利为王，复收信败散兵，而与信及冒顿谋攻汉。匈奴仗左右贤王将万余骑与王黄等屯广武以南，至晋阳，与汉兵战，汉大破之，追至于离石，复破之。匈奴复聚兵楼烦西北，汉令车骑击破匈奴。匈奴常败走，汉乘胜追北。

从这里可以看出，在战役的开始阶段，刘邦的反击其实进行得相当顺利。韩王信一再为刘邦所破，力不能支，只得向新主匈奴请求援手。但即便匈奴左、右贤王率军赴援，与韩王信并力御敌，仍然无法抵挡汉军的凌厉攻势，一败晋阳，二败离石，三败楼烦。匈奴节节失利，且战且退。战场形势的发展印证了晁错的论断：平原交锋，游牧骑兵不是汉军车骑的对手。

战役的转折点出现在追亡逐北的路上——刘邦得到情报，冒顿单于就在代郡、上谷间。汉军挟战胜之余威，若能击败冒顿单于，或可一劳永逸地解除匈奴的威胁。这个愿景当然美好，但刘邦毕竟是百战余生，还不至于愚蠢到不打探敌情便贸然出兵。史载：

闻冒顿居代（上）谷，高皇帝居晋阳，使人视冒顿，还报曰"可击"。

——《史记·韩信卢绾列传》

决定向冒顿单于开战前，刘邦曾派使者到彼以探虚实。而且，刘邦派往匈奴的使者不是一批或一人，而是前后共计十批。这些人回来之后异口同声地向刘邦禀报说，匈奴人没有想象中的那么强大。在这种情况下，谋士娄敬独持异议，提醒刘邦要小心匈奴的诱敌之计，他的声音就太微弱了，高祖皇帝当然听不进去：

> （刘邦）使人使匈奴。匈奴匿其壮士肥牛马，但见老弱及羸畜。使者十辈来，皆言匈奴可击。上使刘敬（娄敬）复往使匈奴，还报曰："两国相击，此宜夸矜见所长。今臣往，徒见羸瘠老弱，此必欲见短，伏奇兵以争利。愚以为匈奴不可击也。"是时汉兵已逾句注，二十余万兵已业行。上怒，骂刘敬曰："齐虏！以口舌得官，今乃妄言沮吾军。"械系敬广武。遂往，至平城，匈奴果出奇兵围高帝白登。
>
> ——《史记·刘敬叔孙通列传》

陷入白登之围，并非汉军实力不济之故，而是由于初次交锋，汉军统帅不了解匈奴"善为诱兵以冒敌"（《史记·匈奴列传》）的战术战法所致。冒顿单于以示弱伪退的办法吸引机动力强的汉军车骑脱离步卒的掩护，独进白登，然后将刘邦率领的这支先头部队和后续的步军主力分割开来，造成局部包围之势。如果此时冒顿单于决意要吃掉包围圈中的刘邦，包围圈外的几十万步军必然拼死营救皇帝，白登将会因为双方七十余万军队的惨烈厮杀而变成一架恐怖的"绞肉机"。但是，就在决战打响之前，冒顿单于主动撤围，放了刘邦一马。倘若换作项羽，或者其他任何一位中原军队的统帅，恐怕都不会放弃这破敌擒王的天赐良机。冒顿单于为什么要卖刘邦这个人情呢？司马迁在《史记》中给出了两点解释。

其一：

> 高帝用陈平奇计，使单于阏氏，围以得开。高帝既出，其计秘，世莫得闻。

——《史记·陈丞相世家》

其二：

> 冒顿与韩王信之将王黄、赵利期，而黄、利兵又不来，疑其与汉有谋。

——《史记·匈奴列传》

坦率地说，我认为这两点解释都不足以令人信服。在此前的战斗当中，王黄、赵利一败涂地，这群散兵游勇来与不来，能对汉、匈两国倾力相搏的大决战产生多大影响？至于陈平，我不否认他的奇谋密计曾在楚汉战争中发挥过重要作用，但《史记》《汉书》所载的匈奴历史中，还没有哪位阏氏展示过足以左右匈奴单于的强大影响力，就像吕氏、窦氏之于西汉皇帝那样。"其计秘，世莫得闻"，这说不清道不明的"夫人外交"恐怕是太史公采自故旧耆老之口的传闻吧。

冒顿单于究竟为何撤围？要解释这个问题，我们必须注意到汉、匈百年战争中的这样一个基本事实，那就是汉、匈两军的历次主力决战无一例外都爆发在匈奴境内，在汉朝的国土上则从未有过。换句话说，只有汉军主动出击、深入敌境，才能引发大战。换作匈奴为主动方，大战就打不起来。同利军《汉朝与匈奴战争述评》一文说：

> 从战争方式上，匈奴大都是"盗边"、"寇边"，而且一遇汉军主力，即撤回本土，从不敢"占领汉地"，或夺取长城以内的汉朝地界。

匈奴民族的习性，"其见敌则逐利，如鸟之集；其困败，则瓦解云散矣"（《史记·匈奴列传》），唯利是逐，轻进易退。南下盗边，匈奴人的目的端在抢掠财货；攻城略地甚至入主中原，则历代单于从来不作此想。这就好比一个入室行窃的小偷，盗得了值钱的东西就要赶紧撤，不到万不得已，没必要跟主人家搏命。冒顿单于集兵白登，结结实实地吓了刘邦一跳。逃出生天后，刘邦马上采纳了娄敬的建议，对匈奴和亲纳贡。往后不必鞍马劳顿、亲自南下，汉朝就会自己乖乖地送来金银绢帛，冒顿单于的战略威慑目的已经达成，他干吗要在白登与刘邦拼个你死我活呢？

贰

西汉对匈奴的外交政策由武力防御转为和亲绥靖，事在公元前 200 年的白登之围以后。首献此议的娄敬对汉高祖刘邦说：

> "陛下诚能以適（嫡）长公主妻之，厚奉遗之，彼知汉适女送厚，蛮夷必慕以为阏氏，生子必为太子。代单于。何者？贪汉重币。陛下以岁时汉所余彼所鲜数问遗，因使辩士风谕以礼节。冒顿在，固为子婿；死，则外孙为单于。岂尝闻外孙敢与大父抗礼者哉？兵可无战以渐臣也。若陛下不能遣长公主，而令宗室及后宫诈称公主，彼亦知，不肯贵近，无益也。"

——《史记·刘敬叔孙通列传》

刘敬谋划的这一和亲之策，以我们今天的眼光看来，其核心思想是以经济援助开路，继之以文化和意识形态的渗透，最终达成同化匈奴民族于中原礼乐文化之中的目的。因此，在"纳贡"与"和亲"这两把政策抓手当中，娄敬所关注的端在后者，而恰恰是这一点，暴露出了这位西汉初年最杰出的战略家和设计师对敌邻的隔膜。司马迁在《史记·匈奴列传》中说，匈奴人"苟利所在，不知礼义"。游牧民族与汉和亲，主要是为汉朝的贡物所利诱，至于说要让他们接受中原的礼乐观念，甚至寄望于和亲所生的单于后代能以晚辈之礼敬侍汉天子，则基本属于纸上谈兵的妄想。事实上，匈奴民族对保存自身的文化独立性有较强的意识，并能自觉对抗汉朝的文化渗透。正如中行说对老上单于所说的那样：

>初,匈奴好汉缯絮食物,中行说曰:"匈奴人众不能当汉之一郡,然所以强者,以衣食异,无仰于汉也。今单于变俗好汉物,汉物不过什二,则匈奴尽归于汉矣。其得汉缯絮,以驰草棘中,衣袴皆裂敝,以示不如旃裘之完善也。得汉食物皆去之,以示不如湩酪之便美也。"于是说教单于左右疏记,以计课其人众畜物。

——《史记·匈奴列传》

锦衣玉食,匈奴来者不拒,但汉朝一旦要用附着在衣食上的中原民族的生活方式去捆绑他们,他们就会拼命挣脱。面对汉使,匈奴始终抱定"糖衣舔干净,炮弹送回去"的务实态度:

>自是之后,汉使欲辩论者,中行说辄曰:"汉使无多言,顾汉所输匈奴缯絮米蘖,令其量中,必善美而已矣,何以为言乎?且所给备善则已;不备,苦恶,则候秋孰,以骑驰蹂而稼穑耳。"

——《史记·匈奴列传》

我们切莫因为上述记载中的表态不是出自匈奴贵族而是出自一个投降匈奴的"汉奸"中行说之口便轻易质疑匈奴抵御汉朝文化渗透的决心。中行说说到底只是一个建言的"客卿",如果他的建议没有肥沃的土壤,又怎么可能在匈奴落地生根呢?

和亲无法有效同化匈奴民族的思维与意识,真正能对匈奴稍事羁縻的只剩输送经济利益一途而已。关于这一点,我们可以举公元前 133 年马邑之谋以后的汉匈关系为证。彼时在位的汉武帝决意对匈奴采取强硬手段,以马邑为饵诱歼匈奴主力,结果事泄失败。这次军事冒险行动虽然重创了汉匈双方奉行已久的和亲政策,但并未导致两国外交关系的彻底决裂:

> 自是之后,匈奴绝和亲,攻当路塞,往往入盗于汉边,不可胜数。然匈奴贪,尚乐关市,嗜汉财物,汉亦尚关市不绝以中之。
>
> ——《史记·匈奴列传》

金元外交要比和亲外交更坚韧,更有效。但问题是:源源不断地对敌纳贡,给太多,必然造成沉重的财政负担,长此以往,难以为继;给少了,又必激起匈奴的不足之心,致其再兴盗谋,南下抢掠。所以汉朝与匈奴之间的长期和平,绝不是钱可以买得来的。

兵圣孙子曾说,知彼知己,百战不殆。从公元前 200 年的白登之围到公元前 133 年的马邑之谋,汉朝的对匈政策兜兜转转,走过了半个多世纪的艰辛坎坷。可惜,即便打了几十年的交道,付出了数以万计的金钱与生命的代价,汉朝对匈奴的认识依然残存着许多谬误。就拿武帝朝最博学的史学家司马迁来说,他所撰写的《史记·匈奴列传》开篇第一句就暴露了这种认识上的局限性:

> 匈奴,其先祖夏后氏之苗裔也,曰淳维。唐虞以上有山

戎、猃狁、荤粥，居于北蛮，随畜牧而转移。

关于匈奴民族的族源，近代以来，学者们分别从考古学、人类学、历史学和语言学这四大学科着手研究，提出了各种各样的观点，迄今为止未有定论，但到今天还认同司马迁所说的匈奴民族与华夏同源的人已经屈指可数。我私意以为，司马迁说匈奴为夏后氏之苗裔，就跟《罗马史》的作者特奥多尔·蒙森将地中海称为世界的中心和世界文明的发源地一样，都是囿于单一文化体系而得出的武断结论。以公元前2世纪也就是与西汉同时代的地中海为世界中心，我相信多数中国人都会表示抗议：这不是地球太大，而是蒙森脑中的历史地图太小之故。匈奴是播迁于北方的华夏后裔，司马迁之所以这样说，我更愿意相信，是因为他从中原载籍中所获知的人类的起源只此一途，太史公缺乏第二种可能的选择。

关于这一点，我们可以举出一个旁证，它出现在《史记·大宛列传》当中。在这篇传记的末尾，司马迁讲述了西汉开发西域给他的世界观和历史观造成的巨大冲击：

《禹本纪》言"河出昆仑。昆仑其高二千五百余里，日月所相避隐为光明也。其上有醴泉、瑶池"。今自张骞使大夏之后也，穷河源，恶睹《本纪》所谓昆仑者乎？故言九州山川，《尚书》近之矣。至《禹本纪》《山海经》所有怪物，余不敢言之也。

张骞通西域以后传回的地理知识让汉朝人对世界的固有印象发生了变化，中原典籍中记载的天下版图的准确性开始受到质疑。司马迁在《大宛列传》中对西域诸国的记述都并没有像《匈奴列传》一样追探其族源，这意味着他很可能已经意识到这些国家的起源是他原有的知识体系所无法解释的，出于一个史学家的严谨，只能暂付阙如。这反过来又说明，对匈奴这个长期与华夏交往的古老的游牧民族，司马迁的认识仍然是基于汉朝人固有的天下观和华夏民族中心论而得出的。

严格说来，《匈奴列传》不能被视为匈奴民族的简史，它更准确的名称应该是"中国历代北疆敌情简报汇编"。司马迁这样解释自己写作《匈奴列传》的动机：

> 自三代以来，匈奴常为中国患害；欲知强弱之时，设备征讨，作《匈奴列传》第五十。
>
> ——《史记·太史公自序》

《匈奴列传》是一篇"资治通鉴"式的文章——鉴于前朝抵御北方游牧民族的历史经验，为西汉的对匈政策提供必要的参考。从这个意义上讲，山戎、猃狁、荤粥（獯鬻）等上古典籍中出现的北方民族之所以统统被太史公写入了《匈奴列传》，并不一定是因为他们和匈奴民族有血缘之亲，更可能是缘于他们过去对中原国家构成的威胁与匈奴骚扰西汉有许多相似之处。

叁

"匈奴"作为一个民族的正式称谓出现在华夏载籍中，应该始于战国。战国七雄里的秦、赵、燕三国都与匈奴接境，从《史记·匈奴列传》的记载看，这三个国家为了抵御匈奴的侵扰，均在自己的北部边境修筑了漫长而坚固的长城。这并不是三国防御政策的偶然巧合，而是农耕民族与游牧民族的不同习性导致的必然结果。游牧民族逐水草迁徙，他们的骑兵在游击战、运动战中具有天然优势。相形之下，擅长农耕的中原人更愿意聚村成邑，筑垒固守，这也让中原国家在阵地战和城市攻防战中积累了丰富的作战经验。在卫青、霍去病横空出世前，中原国家对抗匈奴的成功战例几乎都是在阵地战和城市攻防战中取得的。即便像战国时期的秦军和赵军，虽然他们都大量吸纳北方的游牧骑兵以改造自身的兵力结构，赵武灵王甚至将"胡服骑射"奉为国策，但这两支军队仍然无法在草原野战中与匈奴军队正面抗衡。我们不妨以赵国名将李牧创造的经典战例来说明这个问题：

> 李牧者，赵之北边良将也。常居代雁门，备匈奴。以便宜置吏，市租皆输入莫（幕）府，为士卒费。日击数牛飨士，习射骑，谨烽火，多间谍，厚遇战士。为约曰："匈奴即入盗，急入收保，有敢捕虏者斩。"匈奴每入，烽火谨，

辄入收保,不敢战。如是数岁,亦不亡失。然匈奴以李牧为怯,虽赵边兵亦以为吾将怯。赵王让李牧,李牧如故。赵王怒,召之,使他人代将。

岁余,匈奴每来,出战。出战,数不利,失亡多,边不得田畜。复请李牧。牧杜门不出,固称疾。赵王乃复强起使将兵。牧曰:"王必用臣,臣如前,乃敢奉令。"王许之。

李牧至,如故约。匈奴数岁无所得。终以为怯。边士日得赏赐而不用,皆原(愿)一战。于是乃具选车得千三百乘,选骑得万三千匹,百金之士五万人,彀者十万人,悉勒习战。大纵畜牧,人民满野。匈奴小入,详(佯)北不胜,以数千人委之。单于闻之,大率众来入。李牧多为奇陈,张左右翼击之,大破杀匈奴十余万骑。

——《史记·廉颇蔺相如列传》

匈奴南侵的主要目的是抢掠财物,而防备强盗最有效的办法是坚壁清野。为了及时掌握匈奴军队的动向,李牧编织了强大的情报网络,一旦收到敌情预警,马上以坚城为凭,进行收缩防御。表面上看,似乎是匈奴一来,赵军就吓得龟缩不出,但实际上只要确保己方没有财产损失,匈奴入寇的目的就算落空了。人吃马嚼、千里奔袭的是匈奴,一无所获、空手而归的还是匈奴,这能说是赵军的失败吗?

心高气傲的赵国君臣不明白这个道理,一度撤换李牧,改坚壁清野为主动出击，结果遭遇了惨重的损失。虽然中国人常说师夷长技以制夷，但马颈相交、野战争锋，匈奴毕竟是本色当行，胡服骑射的学生又怎能轻易胜过老师呢？

对赵国来说，要怎么做才能有效打击匈奴军队的有生力量，给对方造成巨大的心理威慑？李牧的回答是使用阵地伏击战——既然我军的机动能力不如对方，那就只能诱敌深入，聚而歼之了。这一战术思想经过战场的检验被证明是行之有效的。李牧一战破杀匈奴十余万众，此后就如司马迁所说"赵将李牧时，匈奴不敢入赵边"（《史记·匈奴列传》）。时间过去了一百多年，汉武帝刘彻首次策划对匈奴的大规模军事行动——马邑之谋，还是要照抄李牧这篇请君入瓮的老文章。

对中原国家来说，在北方边境上筑城固守，最大的困难是如何保障边防军队的粮饷补给。一谈到这个问题，可能许多人会条件反射式地联想到秦直道。但是这种利用"战略高速公路"进行远程补给的办法并非长久之计。《孙子兵法·作战篇》说：

> 千里馈粮，则内外之费，宾客之用，胶漆之材，车甲之奉，日费千金，然后十万之师举矣。……故智将务食于敌，食敌一钟，当吾二十钟。

"食敌一钟，当吾二十钟"，孙武子此言意味着古代军队以牛马为主要运输工具进行远程补给，军粮的送达率只有百分之五！而这还是理论数据，在实际的作战行动中，运粮效率往往更低。

《汉书·主父偃传》说：

> "（秦始皇）遂使蒙恬将兵而攻胡，却地千里，以河为境。……使天下飞刍挽粟，起于黄、腄、琅邪负海之郡，转输北河，率三十钟而致一石。"

远程军事补给造成的消耗太过惊人，长此以往，必将拖累整个国民经济，导致其走向崩溃。为了解决这个问题，秦始皇提出的对策是开发"新秦中"。《史记·匈奴列传》服虔注曰：

> 秦始皇遣蒙恬斥逐北胡，得肥饶之地七百里，徙内郡人民皆往充实之，号曰"新秦中"。

"新秦中"指的是当时人所说的"河南地"最北端的河间地区。这块南河与北河之间的冲积平原地势平缓，水网密集，非常适于农业生产。秦朝从匈奴手中夺取这块风水宝地并屯田戍守后，庞大的长城军团才算在北疆扎下了根。但这也是秦朝向北拓展疆域的极限了，至于深入大漠、直捣王庭，在中原战场上摧枯拉朽的秦军也从来没有创造过这样的奇迹。秦朝国祚短促，蒙恬于公元前215年北逐匈奴、收复河套的累累心血在不到十年的时间里便因国家的败亡而毁于一旦。匈奴的势力重新渗入河南地，与西汉界于秦昭王修建的故长城。西汉的战略纵深被大大压缩，京师长安频繁望见北原上的狼烟烽火。时移世易，匈奴已经今非昔比。要打败这个顽强的敌人，新生的西汉王朝仅靠复制秦始皇的方略已经不能奏效,一条漫长而曲折的道路正在未央宫的主人面前渐次展开。

肆

"曩者,朕之不明……亲发贰师下鬴山,诏之必毋深入。今计谋、卦兆皆反缪。……乃者贰师败,军士死略离散,悲痛常在朕心。"

——《汉书·西域传》

公元前89年,因贰师将军李广利败降匈奴,数万汉军将士葬身异域,汉武帝刘彻颁下了这份著名的《轮台诏》。自元朔二年(公元前127年)卫青率军收复河南地至征和三年(公元前90年)李广利兵败投敌,三十七年间,西汉先后对匈奴发动了十一次大规模军事进攻。战火从朝那、萧关之外一直延烧到大漠南北,而西汉也为这空前绝后的对匈战争累得精疲力竭。在这份《轮台诏》中,汉武帝就自己从前的部分决策失误流露出悔恨之意,由此引来了后世史家对汉匈战争的更多质疑——毕竟从战国到嬴秦,中原国家面对北方游牧民族的南侵,均以筑塞防御为主,从未主动发起过深入敌后的军事冒险。倘若汉武帝墨守成规,不要将无辜的中原子弟驱往北疆赴死,不要让残酷的战争虚耗国家的膏血,那么西汉王朝的盛世辉煌会不会因此延续得更长更久呢？

"假如西汉不大举进击匈奴的话……"坦率地说，我不确定那样的愿景就一定是美好的。甚至，要延续前朝筑塞防御的办法，西汉是否具备充分的历史条件，关于这一点也还有讨论的余地。攻之与守，作为国家战略的两个可能选项，究竟该如何取舍，除了要考虑到中原王朝自身的国情而外，也必须把敌国即匈奴的战略态势纳入考量的范畴。要从这个角度去分析嬴秦及其以前的国防方略，我们不难发现，筑塞防御并非万能的灵药，只是适应于某些特定的历史阶段的最佳选择而已。《史记·匈奴列传》载：

> 秦灭六国，而始皇帝使蒙恬将十万之众北击胡，悉收河南地。因河为塞，筑四十四县城临河，徙适（谪）戍以充之。而通直道，自九原至云阳，因边山险巉溪谷可缮者治之，起临洮至辽东万余里。又度河据阳山北假中。
>
> 当是之时，东胡强而月氏盛。匈奴单于曰头曼，头曼不胜秦，北徙。

在司马迁的描述中，秦始皇北御匈奴，从总体上看是一个两步走的计划。嬴秦刚刚消灭六国、混一中华的时候，这个新生王朝与匈奴的疆域应该是以秦昭王时修筑的故长城为界。具体地说，就是朝那、萧关以南才是秦朝的版图，出塞而北便进入了匈奴人的地界。这对新生的秦王朝不能不说是一个迫在眉睫的威胁！因为朝那、萧关距离咸阳太近，要防御风驰电掣的匈奴骑兵，秦军缺乏足够的战略纵深。为了保证首都的绝对安全，秦朝必须竭尽全力将秦、匈两国的国境线往北推移，而北移的极限就是直抵河套平原顶端的黄河北支流。这也正是秦始皇交给将军蒙恬的首要任务：统率三十万秦军主力将匈奴彻底逐出河南地，为秦帝国的腹心——关中地区建立一道厚实的北部屏障。

在这一战略目标顺利达成之后，一向好大喜功的秦始皇却罕见地压抑了自己扩张领土的野心，命令秦军就地转入防御，沿河筑垒，与匈奴划境而治。为什么嬴政不像后来的刘彻那样命令军队越过北河，深入敌境呢？西汉名臣主父偃在给汉武帝的上疏中分析道：

"（秦始皇）遂使蒙恬将兵而攻胡，却地千里，以河为境。地固泽卤，不生五谷，然后发天下丁男以守北河。暴兵露师十有余年，死者不可胜数，终不能逾河而北。是岂人众之不足，兵革之不备哉？其势不可也。"

——《汉书·主父偃传》

主父偃说，秦始皇不是不想贾其余勇、追亡逐北，而是秦朝有限的补给能力拖累了军队前进的脚步，导致那些高歌奏凯的中原勇士们只能望河兴叹。站在一个财政专家的角度上，主父偃分析秦军转攻为守的原因不为无理，但理由恐怕也不专在此处。《史记·匈奴列传》清晰地显示，在蒙恬出征的当时，北方草原上可不只有匈奴一个游牧政权。强大的月氏和东胡钳制着匈奴人的左右两翼。《史记·大宛列传》清楚地记载,月氏"故时强,轻匈奴"。匈奴此时的单于号为"头曼",据林梅村《大月氏人的原始故乡——兼论西域三十六国之形成》一文所论,乃是吐火罗文"tumane"的音译,意思是万户长。这是月氏王作为中亚草原和西域诸国的霸主封与匈奴首领的称号。而头曼单于的太子,也就是后来的冒顿单于,曾被送至月氏王庭为质。这些事实都说明此时的匈奴对月氏国存在着某种程度的依附关系。至于东胡,后来冒顿单于篡位自立,东胡王曾趁他人心未服之际对匈奴提出赤裸裸的领土要求,看来也不乏对匈奴的觊觎之心。正因为有月氏和东胡的掣肘,匈奴骑兵不敢全力南向以与秦军厮杀。在河南地败于蒙恬之后,头曼单于便迅速将他的军队撤往北方,以图保存实力。

《史记》《汉书》的相关记载表明,彼时无论是匈奴还是秦、汉两朝的决策高层都有这样一个清晰的政治共识,那就是他们谁也无法越过游牧文明与农耕文明的地缘分野去占领并长期统治敌邻的领土。这就意味着,只要匈奴人南侵的意愿因为东胡和月氏的阻滞而变得不甚强烈,秦朝就实在没有必要虚国远征,把将士们宝贵的生命白白浪费在锄犁无法耕种的北方大漠之上。可惜的是,这样以夷制夷的"福利"在西汉建国之初,刘姓皇帝就已经享受不到了。《史记·匈奴列传》载:

> 东胡初轻冒顿,不为备。及冒顿以兵至,击,大破灭东胡王,而虏其民人及畜产。既归,西击走月氏,南并楼烦、白羊河南王。……至冒顿而匈奴最强大,尽服从北夷,而南与中国为敌国。

秦至二世而乱。趁着中原陷入群雄混战的契机,匈奴在他们的杰出领袖冒顿单于的领导下东征西讨,先后击败了东胡、月氏等国。一个强大而统一的草原政权迅速崛起并重新侵入河南地,逼近朝那和萧关。此时的匈奴已经解除了后顾之忧,军队规模也从战国末年的十余万骑(据《史记·廉颇蔺相如列传》所附《李牧传》)发展到盛况空前的三十余万骑。这支重兵集团雄踞北方,并不时南下侵扰,西汉对匈防御的压力之沉重、代价之惨巨可想而知。晁错曾就此痛心疾首地上疏汉文帝说:

> "臣闻汉兴以来,胡虏数入边地,小入则小利,大入则大利;高后时再入陇西,攻城屠邑,驱略畜产;其后复入陇西,杀吏卒,大寇盗。窃闻战胜之威,民气百倍;败兵之卒,没世不复。自高后以来,陇西三困于匈奴矣,民气破伤,亡有胜意。"

——《汉书·晁错传》

如果不能从根本上削弱匈奴,缩减他们南侵的规模与频率,专守防御带来的巨大消耗将会把西汉王朝拖瘦、拖死。而要削弱匈奴,眼见东胡已破,月氏西迁,放眼天下,西汉王朝除了自己的军队,还有什么可以倚靠?汉军不惜代价跨出国门,深入漠北,他们所要进行的正是这样一场史无前例的战争:这场战争将不再像以往的战争那样以攻城略地为宗旨,而是要以强大的军事压力促成匈奴的分裂,毕竟一个强大而统一的匈奴安枕于北疆,绝非西汉王朝的福音。

伍

要将汉朝的军事力量投送到外线去,让战火在匈奴而不是西汉的国土上燃烧,谈何容易!自公元前 200 年的白登之围算起,直到公元前 127 年卫青统军收复河南地,为了扭转汉匈双方的攻守态势,西汉经历了整整六代执政,耗费了将近八十载的光阴。为什么让汉军走出国门、远征漠北就这么难?晁错在给汉文帝的上疏中写道:

> "兵法曰:'有必胜之将,无必胜之民。'繇此观之,安边境,立功名,在于良将,不可不择也。"

——《汉书·晁错传》

国无良将——虽然晁错号为"智囊",对西汉内政外交的诸多问题常有深刻的观察和精辟的分析,但是将阻碍汉军发动越境反击的原因归结为将帅无能,未免失之偏颇。汉文帝手下真的缺乏良将吗?

文帝前元三年（公元前 177 年）五月，匈奴右贤王侵入北地、河南为寇。文帝亲赴甘泉，授命丞相灌婴率军迎击。灌婴可是追随高祖刘邦九死一生、功勋卓著的战将，西汉的第一支骑兵部队就是由他一手创建的。可是即便灌婴挂帅，也再没有了从前楚汉战场上风过草偃、无坚不摧的英姿。灌将军所能做到的，仅仅是将匈奴人"礼送出境"而已。

灌婴在战场上的将星黯淡令人沮丧，但老将军毕竟年已迟暮，七个月后，他就会步履蹒跚地走向生命的终点。比起灌婴来，更令人扼腕叹息的是年轻的李广。这位陇西良家子于文帝前元十四年（公元前 166 年）第一次从军击胡，此后的四十年里，他在一次又一次残酷的北疆征战中从一个青葱少年蹉跎为花甲老将。虽然他以他的英勇无畏赢得了匈奴人口中"飞将军"的美誉，但李广的功劳簿上却乏善可陈，以至于未能封侯成了他终生的遗憾。当年李广还在文帝身边做武骑常侍的时候，文帝看着这位敢与猛兽格斗的小伙子，感慨地说：

"惜乎，子不遇时！如令子当高帝时，万户侯岂足道哉！"

——《史记·李将军列传》

李广是没赶上好时候，但这并不是说身为将军，李广错生在了无所用武的和平年代。在四十余年的戎马生涯中，李广统率汉军与匈奴人进行了不计其数的战斗，但是汉军对匈作战的表现却远不如当年对阵项羽时那般优秀。"子不遇时"多像一句谶语，划出了李广悲伤的宿命。连天下闻名的飞将军都无法带领西汉走向远征匈奴的胜利，那晁错还能将他口中那个海市蜃楼般的"必胜之将"寄望于谁？

人再强，犟不过命。笼罩在李广身上的那宿命究竟是什么？是"强大"的匈奴吗？恐怕未必。和体量庞大的西汉相比，人口仅当汉朝一郡的匈奴从来就不是更强大的一方。而纵观汉匈双方的百年战史，主导战争形势的权力也从来就不在匈奴人的掌握之中。《史记·匈奴列传》说：

> 孝文帝崩，孝景帝立，而赵王遂乃阴使人于匈奴。吴楚反，欲与赵合谋入边。汉围破赵，匈奴亦止。自是之后，孝景帝复与匈奴和亲，通关市，给遗匈奴，遣公主，如故约。终孝景时，时小入盗边，无大寇。

司马迁的这段记载足以说明，究竟是谁在主导着战争。曾经在文帝朝三番大举入寇的匈奴人，进入景帝朝以后突然消停下来，可是无论文帝还是景帝都没有对匈奴发动过大规模的主动进攻，匈奴的国力也未因为别的原因而遭到明显的削弱。敌情如故，战争的形势却发生了明显的转变，这意味着汉军外战不力的真正原因不在国门之外，而在四境之内。汉文帝的高参贾谊在其所著《新书·匈奴》一篇中说：

> 或曰："建三表，明五饵，盛资翁主，禽敌国而后止，

费至多也,恶得财用而足之?"对曰:"请无敢费御府铢金尺帛,然而臣有余资。"问曰:"何以?"对曰:"国有二族,方乱天下,甚于匈奴之为边患也。使上下蹐逆,天下寡贫,盗贼罪人蓄积无已,此二族为祟也。上去二族,弗使乱国,天下治富矣。臣赐二族,使祟匈奴,过足言者。"

要御服匈奴,无论采用和平还是战争的手段,都必须以强大的经济力量为后盾。可是在贾谊著书的当时,汉朝的经济力量却有相当部分不受汉文帝的控制,而是掌握在"二族"的手中。所谓"二族",根据阎振益和钟夏两位先生的解释,该是指邓通和刘濞。前者是富可敌国的异姓豪族,后者是财雄一方的诸侯藩王。这两部"印钞机"霸占铜山,铸币制钱,以致"邓通钱"和"吴钱"周行天下,无处不有。要收取邓通的财力并不困难,毕竟这位佞幸大臣不过专倚文帝的宠幸,一旦宫车晏驾,新君汉景帝一纸诏书就可以把他扒得干干净净。可是同样的事情一旦换到了刘濞的身上,要从他那儿虎口夺食,汉廷就非与之兵戎相见不可了。

七国之乱,让西汉王朝经历了三个月的剧烈阵痛,也让端坐在未央宫里的汉景帝如噩梦初醒。如果说在战争爆发前,景帝还将远在北方的匈奴视为手足之疾,而把刘姓藩王们认作肘腋之患的话,那么战争爆发之后,他的看法恐怕就大不一样了:这些分封于东方和南方的刘姓王爷们其实和北方的匈奴一样,也不过是疾在手足而已，真正的肘腋之患近在宫墙之外——以周亚夫和窦婴为首，那些率军戡乱的异姓军功贵族才是最大的隐忧！

如前所述，异姓军功贵族对西汉皇权的威胁源远流长，最早可以追溯到公元前180年发生的诸吕之乱。想当年，周勃等人假托"安刘必勃"的所谓高祖遗诏，诛灭吕氏，擅行废立，他们斩绝高祖嫡脉的罪行已经证明了异姓军功贵族的巨大危险性。故而汉文帝上台后，不但不对清除诸吕的"首义功臣"周勃倾心相待，反而两度罢免了他的丞相职务。不仅周勃，其余的列侯功臣也遭到了不同程度的打压，因为文帝宣布所有不担任现职的列侯功臣都要返回封国，不得留居长安，至于那些还在朝任职的列侯功臣，则必须以太子代替他们之国——一旦离开帝都，返回封国，就意味着从此淡出汉廷的权力核心。汉文帝就像挤脓水一样把这些开国将军和他们的军功二代一点一点地挤出长安，然后将空出来的职位腾给新晋的文官智囊。这个过程注定布满坎坷，文帝最倚重的谋臣贾谊正是在列侯功臣的反击中沦为无辜的牺牲品。可是贾谊虽然遭到了放逐，汉廷推动文治更化的决心却并未动摇，到汉景帝刘启执政之初，继贾谊而起的新一代文官智囊晁错已经做到了御史大夫的副贰之位，只要再进一步，升任丞相，西汉的文治更化进程就将以文官智囊的最终胜利而宣告结束。令人惋惜的是，就在功臣武将们即将被扫入历史的尘埃之时，晁错的"削藩策"却激而生变——七国之乱爆发了。这场突如其来的战争让将军们的影响力死灰复燃。他们不但逼迫景帝杀死了晁错，而且在战后建立了新的权力秩序。周亚夫和窦婴凭恃战功，势力已经膨胀到了满朝文武无人敢与之抗礼的地步，连汉景帝都不安地感叹："此怏怏者，非少主臣也。"

治世先文臣，国难思良将。发动战争只会增加功臣武将们说话的分量，打断西汉文治更化的进程。一场只延续了三个月的七国之乱已经成就了周亚夫和窦婴两位军功巨头，如果汉廷还要主动与匈奴开衅，那么国家很可能在旷日持久的对匈战争后倒退回军人政治的时代，到那时连皇帝本人都有可能受到军人政治家的挟制。相比于这样严重的后果，匈奴人在北边的小打小闹又算得了什么呢？正是因为这个原因，我们才会看到文帝治下的西汉对抗匈奴的这般"奇景"：公元前166年，匈奴大举入寇，烽火传警长安，老上单于在关中腹地整整逗留了一个月，才在汉军的反击下被迫撤退。一个月的时间意味着什么？意味着汉军的还击完全是事出仓促的应激反应。即便匈奴人此前已经有过大举入寇的恶行，但汉文帝仍未在北方边境上做出强有力的军事部署。既然没有与匈奴展开大战的准备，事到临头才仓促集结兵力，所费的时间当然就长了。

就在匈奴屡兴寇兵的那段时间里，太子家令晁错向汉文帝呈上了一篇《言兵事疏》，系统地阐述了自己对匈奴问题的思考，提出择将、练兵、收编游牧武装等多项建议。而面对晁错的慷慨陈词，文帝的回复却是如此的婉转迂曲：

> 文帝嘉之，乃赐错玺书宠答焉，曰："皇帝问太子家令：上书言兵体三章，闻之。书言'狂夫之言，而明主择焉'。今则不然。言者不狂，而择者不明，国之大患，故在于此。使夫不明择于不狂，是以万听而万不当也。"
>
> ——《汉书·晁错传》

晁错谦称自己整军备战的建议是"狂夫之言"——粗鄙之人，讲话不知深浅轻重。对此，汉文帝回复说：你的上疏并无不当，但是采用其中的哪些建议，我必须深思熟虑，慎之又慎，否则会给国家引来巨大的祸患。是什么让文帝这样战战兢兢、如履薄冰呢？窃以为正是高皇帝遗下的军功集团势力太强，使得文帝无法完全掌控军队。这是他有口难言的苦衷。

军功集团的强势不但构成了对皇权的严重威胁，更妨碍了军事改革在汉军中的推行。要知道，与匈奴人的战争不同于以往的中原战事。面对着机动能力空前强大的游牧骑兵，西汉必须改进军队的兵力结构与战略战术，建立一支以骑兵为主的强大的机动武装。可是从平定七国之乱的战争形势来看，没有功臣武将的支持，皇帝连调动和指挥军队都成问题，在这种情况下又哪能奢谈改组军队的事呢？

陆

要与匈奴展开一场全面性的战争,西汉长期以来一直面临着战略物资——具体地说,就是战马的严重匮乏。《史记·平准书》载:

> 汉兴,接秦之弊,丈夫从军旅,老弱转粮饷,作业剧而财匮,自天子不能具钧驷,而将相或乘牛车。

西汉建国之初,连天子出行的銮仪都凑不齐四匹毛色一致的骏马。至于将相大臣,有的人因为马匹太贵——此时汉朝部分地区的行市已经达到匹马值百金的地步,甚至连马车都置办不起,不得已只能以牛车代步。因此,公元前 200 年爆发的白登战役中,面对匈奴冒顿单于率领的数十万游牧骑兵,汉高祖刘邦只能以步兵应战,结果陷入了极大的被动。这种令汉廷尴尬不已的局面因为国家经济复苏缓慢而被迫延续了好长一段时间,至少到汉文帝刘恒即位之初,西汉马政都没有明显好转的迹象。文帝前元三年(公元前 177 年),匈奴右贤王入侵河南地,而汉廷的应对如下:

> 五月,匈奴入居北地、河南为寇。上幸甘泉,遣丞相灌婴击匈奴,匈奴去。发中尉材官属卫将军,军长安。

——《汉书·文帝纪》

这一次长安告警，西汉最有战斗力的中央军之一——北军受命集结在京师周围以保证帝都的安全，而这支汉军精锐仍然是以"材官"即运动迟缓的步兵为主体的。在西汉前期的历史上，文帝一朝的匈奴边患最为深重，这也倒逼文帝和他的政府不得不改变从前无为而治的态度，大力加强国家的马政建设。所谓埋头十年，乃与敌人抬头相见，到十年后匈奴老上单于再度南侵，汉朝的马政已经大有长进，精锐的中央军此时已经有能力组织起一支十万人规模的骑兵部队了：

> 十四年（公元前166年）冬，匈奴寇边，杀北地都尉卬。遣三将军军陇西、北地、上郡，中尉周舍为卫将军，郎中令张武为车骑将军，军渭北，车千乘，骑卒十万人。上亲劳军，勒兵，申教令，赐吏卒。自欲征匈奴，群臣谏，不听。
>
> ——《汉书·文帝纪》

这一回老上单于破关南侵，拥卫着他的是十四万匈奴骑兵。而汉军不算车、步两兵种，光是骑兵也能集结十万之众，与匈奴的差距并不是很大，因此汉文帝便萌发了御驾亲征的强烈愿望。虽然最终未能成行，但这至少说明卧薪尝胆的十年马政建设给皇帝带来了巨大的信心。

从此以后，西汉的养马业开始进入飞速发展的黄金时期。汉景帝中元四年（公元前146年）"益造苑马以广用"（《史记·平准书》),在北方边境的太原、北地、西河、辽东等郡兴建养马场三十六所,投入三万官奴婢,共计蓄马三十万匹,形成了一个西起甘肃、东到辽宁的布局完整、规模庞大的养马体系。到汉武帝登基之初,帝国的马匹数量已经相当充盈,甚至官宦人家聚会赴宴,拉车的马也必须要仔细挑一挑了——万一不留神套一匹母马拉车赴宴,可是要遭人白眼的呢:

> 至今上即位数岁……众庶街巷有马,阡陌之间成群,而乘字牝者傧而不得聚会。
>
> ——《史记·平准书》

一晃七十年的光阴飞逝而过,几辈西汉帝王朝思暮想的战马终于准备停当了,而李广、程不识两位声名显赫的边将也奉诏入京,分任未央卫尉与长乐卫尉,是时候向匈奴人开战复仇了吧?可是初政的汉武帝却没有沿着这条思路前行,他的对匈政策在和、战之间左右摇摆,让人难以捉摸:

> 今帝即位,明和亲约束,厚遇,通关市,饶给之。匈奴自单于以下皆亲汉,往来长城下。
>
> 汉使马邑下人聂翁壹奸兰出物与匈奴交,详为卖马邑城以诱单于。单于信之,而贪马邑财物,乃以十万骑入武州塞。汉伏兵三十余万马邑旁,御史大夫韩安国为护军,护四将军以伏单于。……
>
> ——《史记·匈奴列传》

照太史公的说法，武帝即位之初不但没有转守为攻，加紧备战，反而展现出了比以往更加积极的和亲姿态，而匈奴方面也因为汉朝丰厚的利益输送而对这个南邻愈发亲近。可是汉匈邦交刚刚走进一个和亲的蜜月期，汉武帝又突然策划了马邑之谋，企图设伏诱歼匈奴主力，结果事机不密，在临战前的一刻被匈奴军臣单于侦知了整个作战计划，两国关系由此走向决裂，此前数年的和亲成果也瞬间化为乌有。孝武初政，汉廷已有能力对匈开战，却为何不战而选择和亲？既然选择了和亲，怀柔匈奴也渐有起色，又为什么要突然转和为战，主动寻衅？汉朝外交进退失据，莫持定见，暗示着这背后似有主和与主战的两股势力在相互较劲，相互撕扯。从马邑作战计划的成形过程中，我们也能够清楚地观察到这一事实。

马邑之谋发生在汉武帝元光二年（公元前 133 年），但据《史记》所载，早在两年前也就是建元六年（公元前 135 年），汉廷中的主战派与主和派便已经爆发了激烈的争论：

> 匈奴来请和亲，天子下议。大行王恢，燕人也，数为边吏，习知胡事。议曰："汉与匈奴和亲，率不过数岁即复倍约。不如勿许，兴兵击之。"安国曰："千里而战，兵不获利。今匈奴负戎马之足，怀禽兽之心，迁徙鸟举，难得而制也。得其地不足以为广，有其众不足以为强，自上古不属为人。汉数千里争利，则人马罢，虏以全制其敝。且强弩之

极，矢不能穿鲁缟；冲风之末，力不能漂鸿毛。非初不劲，末力衰也。击之不便，不如和亲。"群臣议者多附安国，于是上许和亲。

——《史记·韩长孺列传》

建元六年，匈奴方面主动遣使来汉，请求和亲，而收到请求的汉武帝却态度暧昧。如果说和亲是武帝即位六年以来一贯坚持的既定政策，那么在接到这份请求之后，他召集群臣商讨的就应该是对匈和亲的若干操作细节，比如和亲的具体时间、和亲公主的人选、对匈奴纳贡的数量和种类，等等，但从廷议当日的情形看，这些都不是首要的议题。廷议的首要议题是对匈和亲的政策是否还要继续执行。皇帝把这个议题下发给群臣讨论，传递出了一个极其敏感的信号：汉武帝奉行了六年之久的和亲政策有了动摇的趋势，皇帝可能已经萌发放弃和亲，转而以战争手段御服匈奴的念头，只不过他还不能准确预判开战的前景，因此才召来群臣集议。有着丰富的边疆工作经验的大行王恢大概是洞穿了武帝的这层心思，所以才敢斗胆抛出和亲不如开战的论调。

可是主战派的王恢刚一发声，立刻就遭到了御史大夫韩安国的强力阻击。韩安国不但重申了和亲的必要性，而且以他的慷慨陈词博得了多数与会成员的赞同。这样一来，汉武帝和王恢倒像是被孤立的少数派了。韩安国何德何能，竟敢与武帝暗中较劲，操纵汉廷外交政策的主导权？恰恰是这个问题令人倍感蹊跷。因为《汉书·百官公卿表》显示,韩安国是在当年六月才刚刚由大司农升任御史大夫的。此前,这位板凳都还没坐热的"副相"长期供职于远离京畿的梁国,在中央素无根基,他怎敢公然挑战武帝的权威呢?要解释这个问题,我们应该注意到《史记·韩长孺列传》中记载的这两个事实:

其一,公元前154年的吴楚七国之乱被平定后,为汉廷立下汗马功劳的梁孝王刘武野心逐渐膨胀,在王国之内公然僭拟天子,这导致他与胞兄汉景帝刘启的关系趋于紧张。危机一触即发的当口,是韩安国以梁国特使的身份前往京师,向馆陶长公主刘嫖和皇太后窦氏疏通关节,避免了刘武与刘启兄弟反目。由此,韩安国逐渐赢得窦太后的信任。《史记·韩长孺列传》说:

> 其后梁王益亲欢。太后、长公主更赐安国可直千余金。名由此显,结于汉。

从这时起,深居宫中的窦太后第一次知道了,在她下面众多的藩国大臣中还有一个名叫韩安国的人值得信赖。一个有力的证据是,不久后梁国内史出缺,梁王刘武上报朝廷,提名心腹大臣公孙诡接任,可窦太后代表中央给梁王的批复却把这个重要的职务授予当时犯了法、正在服徒刑的韩安国。严格说来,从这时起,韩安国的身份其实已经发生了性质上的改变。如果说此前的他还是梁孝王刘武的得力属下,那么此后的韩内史似乎更应该被视作汉廷和窦太后派驻梁国的亲信与眼线。

其二，韩安国升任内史之后不久，梁国又闹出了第二桩乱子。公元前150年，汉景帝下旨废黜了刘荣的太子名分。一直觊觎储位的梁王刘武对接班人的位置发起了最后的冲击，但遗憾的是，由于袁盎等大臣的坚决反对，梁王最终铩羽而归。恼羞成怒的刘武为谋士羊胜、公孙诡所怂恿，派遣刺客潜入京师对政敌发动报复，并成功刺杀了袁盎。这桩惊天血案的曝光一下子就把梁孝王刘武和汉景帝刘启的关系推到了决裂的边缘。此时又是韩安国出面斡旋，说服梁孝王交出羊胜、公孙诡，以此为代价换得了景帝的谅解。这样一来，韩安国在窦太后心目中的地位得到了进一步的提升。司马迁说：

诡、胜自杀。汉使还报，梁事皆得释，安国之力也。于是景帝、太后益重安国。

——《史记·韩长孺列传》

韩安国与窦太后的渊源如此之深，他在建元六年的廷议中领衔反对王恢的主战建议，很可能是在重申窦太后的外交主张。要知道，这位老太后的许多政治思想都强烈地受到丈夫汉文帝的影响，比如无为而治，比如对匈和亲。文帝驾崩后，汉朝在继任的景帝和武帝治下国力渐强，但对匈奴却一直延续着文帝时期的和亲政策，这恐怕与窦太后所施加的影响不无关系。

如果说窦太后是坚定的和亲派，而她的嫡亲孙子、血气方刚的汉武帝刘彻却偏于主战，那么我们就不难理解建元年间汉朝对匈政策摇摆不定的原因了：刘彻少年即位，在他初登大宝的那几年里，朝廷拍板决策的最高权力其实是攥在老祖母窦太后手里的。关于这一点，只要看看汉武帝和王臧、赵绾等人推动的建元新政是如何遭到窦太后强力扼杀的，便不难明白此时的朝廷里究竟是谁说了算。到了建元六年的五月，年轻的汉武帝总算熬到了祖母谢世。窦太后刚一驾崩，他就抛出和亲还要不要继续的议题让群臣讨论，显示出这位年轻的皇帝对开战已经有些急不可耐。只是他疏忽了一点，那就是一项重要的基本国策执行起来总不免带着强大的惯性。窦太后虽然去世了，但以韩安国为代表的人数众多的主和派大臣却仍能凭着这股惯性推动和亲政策往前再挨几步。这一挨，汉武帝的第一次对匈作战计划遂流了产，马邑之谋推迟到两年之后才姗姗而来。

柒

建元六年韩安国领衔群臣否决王恢对匈奴开战的提议，展示了汉廷中主和派大臣的强势，甚至连汉武帝本人也不得不在战与和的选择上对他们作出暂时的妥协。既然有人反对，就得想办法创造条件去说服他们。正巧在这个时候，一个名叫聂翁壹的边民通过王恢向武帝献计：

"匈奴初和亲，亲信边，可诱以利。"

——《史记·韩长孺列传》

于是武帝便秘密指派聂翁壹为间谍，渗透进匈奴内部，设法取得军臣单于的信任。聂翁壹诓骗单于说自己能潜入马邑，斩其令丞，与匈奴里应外合，洗劫城中财物。军臣单于对此表示了首肯。当聂翁壹把这个消息传回汉朝，辛苦经营了一年的汉武帝终于找到匈奴人背弃和亲的"铁证"，于是乎，他不再掩饰自己渴望对匈开战的态度，向朝廷公卿发下明诏说：

"朕饰子女以配单于，金币文绣赂之甚厚，单于待命加曼（嫚），侵盗亡（无）已。边境被害，朕甚闵之。今欲举兵攻之，何如？"

——《汉书·武帝纪》

需要在此特别说明的是，对马邑之谋从酝酿到出台的全过程，班固在《汉书》中做出了与本文不同的描述。班固认为上面这份征询群臣意见的明诏，其颁布时间在聂翁壹潜入匈奴之前。换言之，一收到聂翁壹的献策，武帝便先诏问公卿，举行了廷议。廷议上，因为王恢的主战意见压倒了主和派的韩安国，聂翁壹才得以间谍的身份潜入匈奴。但是这个事件叙述，我私意以为是靠不住的，它有这样几个疑点：

其一，司马迁在《史记·匈奴列传》中明确记载，汉武帝即位之初，"明和亲约束，厚遇，通关市，饶给之。匈奴自单于以下皆亲汉，往来长城下"。班固撰写《汉书·匈奴传》的时候将这段文字原样誊入，说明他也认同下述事实：建元年间，汉、匈邦交借由和亲而更趋融洽，双方并未发生大规模的边境冲突。可汉武帝在本次明诏中却说"单于待命加嫚，侵盗亡已"，除开军臣单于有意入侵马邑这件事，史籍中再找不到所谓"侵盗"还能指向别的什么事件。既然明诏中公开谴责了匈奴的"罪行"，那汉武帝必然已经得到了匈奴即将南下马邑的准确情报，而这个情报只能是由间谍聂翁壹传回的。据此推论，聂翁壹潜入匈奴的时间不可能晚于廷议诏书的颁布。

其二，聂翁壹作为间谍潜入匈奴，他所肩负的使命是要诓骗军臣单于起兵南下，但诓骗可能成功，也可能不成。从《汉书·韩安国传》的记载看，马邑之谋前的那次廷议中，韩安国和王恢两人的争论已不再停留于匈奴南下的可能性，而是径直深入到了具体的战术细节。韩安国极力反对的是汉军长驱北上，深入敌境。他说：

"今将卷甲轻举，深入长驱，难以为功；从行则迫胁，衡行则中绝，疾则粮乏，徐则后利，不至千里，人马乏食。兵法曰：'遗人获也。'意者有它缪巧可以禽之，则臣不知也；不然，则未见深入之利也。"

对此，王恢的反驳是，此次战役无须长驱深入，我们只要在家门口打一场伏击就好了：

"今臣言击之者，固非发而深入也，将顺因单于之欲，

> 诱而致之边，吾选枭骑壮士……或绝其后，单于可禽，百全必取。"

正是"内线伏击战"这个战术要点让王恢成功地压制了韩安国的反战意见。可廷议要是发生在聂翁壹潜入匈奴之前，那军臣单于来与不来都还在未定之天，王恢又凭什么把伏击说得这么言之凿凿呢？

其三，司马迁在《史记·韩长孺列传》中说，军臣单于最终同意聂翁壹的提议，决定南下，是因为"单于爱信之，以为然，许聂翁壹"，一个从南边逃来的外国人要博取匈奴单于的信任是需要时间的，不可能在初来乍到之时便让单于产生爱信之感。而从记载上看，聂翁壹向汉武帝建言献策，事在元光元年（公元前134年），马邑之谋是在一年以后也就是元光二年（公元前133年）才发生的，也就是说聂翁壹为了取信于军臣单于，大致努力了一年之久。可班固的描述却是：

> 乃从恢议。阴使聂壹为间，亡入匈奴，谓单于曰："吾能斩马邑令丞，以城降，财物可尽得。"单于爱信，以为然而许之。

——《汉书·韩安国传》

似乎聂翁壹甫一到来，就说动了单于南侵，这可能吗？

其四，为了确保聂翁壹诱骗军臣单于的间谍计划有更高的成功率，对他的派遣是秘密进行的，《史记》所谓"阴使聂翁壹为间,亡入匈奴"者是也。如果在聂翁壹出发前,整个计划就已经在廷议中公开讨论过了,那还有什么秘密可言呢?另外,韩安国在廷议时说"意者有它缪巧可以禽之,则臣不知也;不然,则未见深入之利也",可见廷议当时,韩安国仍以为汉武帝的计划是要派遣军队深入敌境,至于别的作战方案,他明说自己并不知情。这更证明了汉武帝和王恢派遣间谍聂翁壹渗入匈奴是背着朝廷公卿进行的暗箱操作,其主要目的除了诱骗匈奴主力南下以外,也是要设法通过间谍拿到匈奴首先破坏和亲的"罪证"。等"罪证"到手,韩安国再次在廷议上反对开战的时候,王恢就把它当作一张王牌打了出来:是匈奴首先违背和亲之约,起了偷袭马邑的歹念!这对韩安国等主和派大臣们来说无异于釜底抽薪,他们只能表示屈服。这样一来,马邑之谋的作战计划便顺利地摆上了武帝的龙案。

虽然马邑之谋经过了这许多艰难曲折,最终成形了,但从这份作战计划的内容中,我们仍然不难看出汉武帝与主和派大臣的相互妥协——在皇帝废止和亲心意已决的情况下,退而求其次地避免外线决战,而把战场设定在汉朝境内,已是主和派为了最大限度地规避战争风险所能争取到的最好结果;而在战役开启的时候,主和派的领袖、御史大夫韩安国将以监军(即护军将军)的身份亲临战场。在汉武帝四十余年征伐匈奴的历史上,由外朝重臣参与战役指挥,这是绝无仅有的一次。

但韩安国这一次来，很可能不是为了力挺武帝，而是怀抱狐疑，想亲眼瞧瞧皇帝究竟能在马邑取得多大战果——外朝重臣对征伐匈奴的战略决策始终心怀抵触似乎是此后武帝将一直面临的尴尬，不但现任御史大夫韩安国，公元前124年封侯拜相的公孙弘也同样是武帝对外扩张政策的坚决反对者。顶着主和派的巨大压力开战，汉武帝本来指望王恢等四路汉军能在马邑给他长长脸，结果却让他颜面扫地。战役失败后，恼羞成怒的武帝将罪责统统归结到王恢的身上。他说：

"首为马邑事者，恢也，故发天下兵数十万，从其言，为此。且纵单于不可得，恢所部击其辎重，犹颇可得，以慰士大夫心。今不诛恢，无以谢天下。"

——《史记·韩长孺列传》

王恢的确是马邑之谋最初的策划者，可是他在本次战役中担负的具体任务是：一旦开战后匈奴主力被汉军滞留在马邑，王恢将从邻近的代郡出兵，截取匈奴的后路辎重。这个沙盘上的战役推演最终没能转化为战场上的实际形势。实际的战场形势是：匈奴军臣单于率军挺进到距离马邑百里之外的地方就起了疑心，因为他的军队沿途掳掠，只见到遍野的牲畜，却没有看到哪怕一个放牧的百姓。为了解开心中的疑虑，匈奴人攻下了一座汉朝的烽火台，俘虏了武州尉史，从他嘴里撬出了汉军的整个作战计划。大吃一惊的军臣单于赶紧北撤，迅速脱离了汉军的伏击圈。

埋伏在马邑周围的汉军主力根本没能和匈奴人交上手，汉武帝该不会不知道，以王恢属下的区区三万偏师径去拦截全身而退的十几万匈奴骑兵将会产生怎样的灾难性后果，但他仍将按兵不动视为王恢的罪过。这与其说是武帝对战争的想象太过天真，毋宁说是强大的压力催生了他的一丝侥幸心理——战果能有一点儿就算一点儿。王恢要是一无所获，皇帝就得向天下人谢罪了！

"谢天下"是一句多么沉重的话啊，想当年，汉武帝刘彻的父亲汉景帝刘启也曾迫不得已做出了类似的表态：

"顾诚何如，吾不爱一人以谢天下！"

——《史记·吴王濞列传》

公元前154年，在窦婴、袁盎等功臣武将的强势逼迫下，急于平定七国之乱的汉景帝无奈地抛弃了主持削藩的晁错，以智囊的那颗人头向功臣武将们谢罪。而如今，武帝也走到了与父亲同样尴尬的地步：匈奴全身而退，不杀了王恢，怎么向反对开战的主和派大臣交代呢？

从根本上说，马邑之谋的失败并不是武州尉史的偶然被俘所导致的。正如前述，马邑之谋是一盘冷饭热炒，它所抄袭的乃是战国名将李牧的一篇"老文章"。一个世纪以前，李牧的确曾用诱敌深入的战法一举击破匈奴主力，从根本上缓解了赵国的边患，但李牧和他的军队长期在北方与匈奴人作战，他们的战斗经验以及对匈奴战术战法的熟悉都是马邑下的参战汉军所无法比拟的。汉军以马邑为饵，放出遍野的牛羊，但撤走了所有的牧民，而李牧却能以数千人委之匈奴，弃而不顾，仅仅这一个战术细节的区别已经暴露了汉军与赵军在作战经验上的明显差距。

不但经验不足，汉军兵力结构的缺陷也同样刺眼。为了这一次的作战计划，汉朝集结的总兵力超过了三十万，分别由四位将军统领：

> 卫尉李广为骁骑将军，太仆公孙贺为轻车将军，大行王恢为将屯将军，太中大夫李息为材官将军。御史大夫韩安国为护军将军，诸将皆属护军。约单于入马邑而汉兵纵发。王恢、李息、李广别从代主击其辎重。
>
> ——《史记·韩长孺列传》

我们不妨以四位将军的名号来分析一下他们所指挥的具体都是些什么部队。名将李广此时的职务是卫尉，卫尉所指挥的应该是汉朝精锐的北军（中央军），而他顶着"骁骑将军"的名号出征，说明这支军队当是以机动能力很强的骑兵为主。与匈奴交战，骑兵是战斗力的核心与关键，但李广的这支骑兵很可能就是汉军所有参战部队中唯一的一支骑兵部队了。公孙贺号"轻车将军"，麾下应多车兵，而"材官将军"李息则应该是一支步兵军团的指挥官。至于战役的策划者王恢，因为他曾久在边疆任职，熟知边务，因此所能征调参战的边防军就交给他来指挥——所谓"将屯"，也就是武力戍边之士的意思（至于其中有无骑兵则不可知。但即便有,因为王恢的总兵力只有三万,也很难明显提升骑兵在汉军总兵力中的占比)。不难看出,骑兵在汉军此次参战部队中的比例较低,这也很可能是汉军选择诱敌深入战术的一个不得已的原因——骑兵不足导致汉军的机动能力不如匈奴军队,因此对汉军来说,在大漠草原上马颈相交地打一场野战当然不如定点伏击的胜算大。

汉军不但骑兵偏少,在作战计划中也没有突出骑兵的战术作用。李广指挥的这支骑兵部队被要求同李息的步军和王恢的边防军配合行动。步、骑配合会拖累骑兵部队的机动速度,而王恢的边防军与李广的中央军出自不同的系统,能否在战场上熟练地相互配合也同样很成问题。这跟 1940 年纳粹德国闪击法兰西的战役中法军所犯的错误是类似的:那次战役中法军的坦克从数量到质量都不输德军,但将坦克分散与步兵配合作战的落后战术却使得法军在德军装甲师的突击面前不堪一击。因此,即便马邑之谋的作战计划没有提前泄露给对方,汉军在战场上与匈奴军队交锋,最终能取得多大的战果,恐怕也很难做出太乐观的估计。

捌

元光二年(公元前 133 年)的马邑之下,三十万汉军将士伏击匈奴,无功而返。今我来思,雨雪霏霏。回程路上,谁会是最沉重的失意者？汉武帝吗？诚然，马邑之谋的落空可能会给主和派发动新一轮的舆论攻势提供口实，但历史毕竟宽容了这位年轻的皇帝。经过这一次的试错，武帝就要奏响征讨匈奴的凯歌，汉匈战争的天平将不可逆转地向他倾斜。只是历史的温情并不是这样慷慨地赐予所有人，就在汉武帝的宏图大业渐次展开的同时，另一个人的光荣与梦想却在渐行渐远，他就是李广。

掐指算来，从汉文帝前元十四年（公元前166年）从军击胡到汉武帝元光二年的马邑之谋，这位将门虎子已经在战场上拼杀了整整三十三个年头，曾经的青葱少年不知不觉已是两鬓严霜。先祖李信擒获燕丹的赫赫战功仍然高悬于祖庙，但是他的子孙，空负无双之誉的李广却拿不出哪怕一件彪炳史册的战功来光耀家族的门楣。客观地说，这并不是李广个人的过失。错生在韬光养晦的文景时代，国家保守的对匈战略束缚住了飞将军的双翼：

> （汉景帝时）徙为上谷太守，匈奴日以合战。典属国公孙昆邪为上泣曰："李广才气，天下无双，自负其能，数与虏敌战，恐亡之。"于是乃徙为上郡太守。后广转为边郡太守，徙上郡。尝为陇西、北地、雁门、代郡、云中太守，皆以力战为名。

——《史记·李将军列传》

李广三十年如一日地在战场上奋力厮杀，没有哪怕一天放弃过对军人荣誉的热烈追求。但在负责外交事务的文官们看来，这却是李广的自负与好战,而这份自负与好战随时可能毁掉文官们苦心维系的和亲局面。于是他们上书皇帝,以爱惜人才的名义要求将李广从战场调离。上谷,上郡,陇西,北地,雁门……许多年来,李广在汉朝的北疆辗转流离,左冲右突的他似乎总在寻找一个缺口,想要打破这令人窒息的局面,但命运却悄悄地张开了一张巨网,把他死死地困住。

直到汉武帝上台执政,李广的眼前才闪出一线曙光。新皇帝以无与伦比的勇气废止了汉廷奉行数十年之久的和亲政策,并调集三十万大军开赴马邑。舞台已经搭好,李广也被钦点做了主角,只可惜匈奴人的意外"爽约"搅黄了李广的这出压轴戏。失意而归的李广还不能算老,尚有射虎没石之力,但他无法预知接下来将要发生的事:马邑之谋是李广的第一次,也是最后一次战场主演,此后他将无可避免地沦为一个无足轻重的龙套演员,直至含恨自裁!

悲剧是从四年后的关市诱击战开始的:

> 自马邑军后五年之秋[①],汉使四将军各万骑击胡关市下。将军卫青出上谷,至茏城,得胡首虏七百人。公孙贺出云中,无所得。公孙敖出代郡,为胡所败七千余人。李广出雁门,为胡所败,而匈奴生得广,广后得亡归。汉囚敖、广,

---

① 据《史记·李将军列传》《汉书·武帝纪》《资治通鉴·汉纪》,四将军击匈奴事在元光六年(前129),即马邑之谋后四年,此言"五年",不确。

敖、广赎为庶人。

——《史记·匈奴列传》

公元前129年,对伐胡一事念兹在兹的汉武帝策划了对匈奴人的新一轮攻击行动:虽然上回的马邑之谋让汉、匈两国的和亲关系趋于破灭,但贪财好利的匈奴人毕竟还是舍不得精致的汉朝商品,仍与这个南邻保持着频繁的关市通商,所以这一回,武帝便将打击的目标锁定在南下通商的匈奴人以及他们骚扰边境的小股游骑身上。

和马邑之谋类似,此次仍有四位将军共同参与军事行动,而老将李广的名字赫然在列。但顾视同僚,李广可能会感到某种孤立,因为同时出征的四将军之中只有他一人不是皇帝的嫡系:

公孙贺,自潜邸时便随侍武帝左右的太子舍人;

公孙敖,护卫武帝的骑郎;

卫青,因为家姊卫子夫新受武帝宠幸,故以侍中、太中大夫的身份供职于内廷。

需要特别说明的是,公孙贺此时已经娶了卫青同母异父的大姐卫孺为妻,而公孙敖做骑郎的时候曾经拼死从馆陶长公主刘嫖手里救下了卫青的一条命,并因此受到武帝的信用。换句话说,以卫青为核心,除李广之外的三位将军已经隐然形成了一个新的军功集团——和卫尉李广这样的外朝公卿不同,卫青等三位将军都是武帝身边的私人亲信,并且带有明显的外戚特征。为什么武帝放弃许多元勋宿将不用,却对卫青、公孙敖这样初出茅庐的新兵委以重任?难道真是任人唯亲的私心作祟吗?恐怕我们还不能遽尔做出这样的论断。要揭秘武帝弃故任新的真实原因,我们应该注意到,拍板发动关市诱击战的武帝此时仍然背负着巨大的政治压力,作战计划的具体内容已经清晰地表明了这一点。

和马邑之谋一样,关市诱击战的作战计划也没能突破内线作战的思维局限。也就是说,为了规避深入敌后的战争风险,汉军将以关市为诱饵,尽量争取在靠近汉朝边境的地方歼灭匈奴人。四年前,首次对匈宣战的汉武帝尚显稚嫩,他一股脑儿地将自己所有的注码统统押到了马邑,企图以一场酣畅淋漓的主力会战一劳永逸地解决掉匈奴人,结果劳师靡资,天下晓晓,最终却一无所获,只留给朝臣们讥议的话柄。得到教训的武帝不再好高骛远,转而选择了更加务实的策略:不但将主力会战降格为游击作战,大幅削减了兵力规模,而且命四位将军分路出击,绝不再做孤注一掷的赌博——总该有一路人马有所斩获吧?

这一方面显示出汉武帝的日益成长,但另一方面也折射出他的开战决定迟迟得不到朝廷公卿一致支持的尴尬事实。其实关市诱击战前的很长一段时间里,汉武帝都是一心希望依靠外朝公卿的辅佐来打赢汉匈战争的,否则他就不会在即位之初下诏让李广、程不识两位边将入京,出任九卿卫尉。但前次的马邑之谋,御史大夫韩安国领衔群臣,阻挠武帝的开战计划,迫使武帝不得不在战场失算后杀掉谋主王恢以塞悠悠众口，大臣们反战的态度是如此坚决，要想说服他们支持对匈作战，其困难之大，恐怕不亚于在战场上与匈奴人刀兵决胜。为了摆脱这种腹背受敌的被动局面，武帝不得不考虑绕过外朝公卿，另选一批得力的亲信来负责对匈作战的相关事宜，卫青等亲近侍从正是因为这个原因才在关市诱击战中获得了崭露头角的机会。关市诱击战的五年后，卫青成功击溃了匈奴右贤王的主力，汉武帝钦命使节拜卫青为大将军，于是一个与外朝公卿分庭抗礼的中朝官僚集团正式成形，而外朝公卿也在汉匈战争中被彻底地边缘化了。当然，那已是后话。

现在让我们把话题再转回到公元前129年关市诱击战发生的当时。命卫青等人为将，证明汉武帝已经起念要撇开外朝，另建中朝。但与李广相较，卫青毕竟资历太浅，武帝还不敢贸然地把战场主攻的重任交给他，所以卫青一军被摆在了四路部队的最东端，当作偏师来使用。居中攻坚的任务则由李广来担当：李广一军直出雁门，他的正当面就是阴山山脉。阴山既是匈奴本部的生息之地，单于的主力也时常在此出没。作为此次领军出征的唯一一位外朝大臣，假设李广能够取胜，他就还有资本继续压制卫青等中朝新锐，迟滞他们的崛起。但以这区区一万骑兵，一旦遭遇人数占据绝对优势的匈奴主力，任是李广再有神通，又怎么可能全胜而归呢？

> 广以卫尉为将军，出雁门击匈奴。匈奴兵多，破败广军，生得广。单于素闻广贤，令曰："得李广必生致之。"胡骑得广，广时伤病，置广两马间，络而盛卧广。行十余里，广详死，睨其旁有一胡儿骑善马，广暂腾而上胡儿马，因推堕儿，取其弓，鞭马南驰数十里，复得其余军，因引而入塞。匈奴捕者骑数百追之，广行取胡儿弓，射杀追骑，以故得脱。于是至汉，汉下广吏。吏当广所失亡多，为虏所生得，当斩，赎为庶人。
>
> ——《史记·李将军列传》

李广全军覆没，匹马无还，连他本人都差点被掳往匈奴。而与他同出阴山的公孙敖也没能逃脱失败的命运，带着不足三成的残军铩羽而归。西路的公孙贺从云中出征向西扫荡，兜了一大圈，却连匈奴人的影子都没见着。四路大军，两路落败，一路扑空，汉武帝的关市诱击战计划堪堪又要破产了。可就在此时，东路的卫青却传来了报捷的佳音。这既是汉武帝的幸运，更是卫青的幸运。原来李广树大招风，一得到他领军出征的消息，匈奴单于便调主力前去围攻，并向参战部队下达严令："遇到李广，必须生擒！"匈奴主力被李广吸引，正为卫青一军拉开了攻击的空当。卫青从匈奴单于和左贤王的结合部撕开一条口子，长驱直入，第一次让匈奴人尝到了圣地龙城被敌军侵入的苦果。

兵至龙城，斩首数百，卫青这个看似不大的胜利却给汉武帝带来了双重的惊喜：它不但挽回了关市诱击战的失败，而且还向朝中的主和派证明了汉军的外线作战能力值得信赖。原本，卫青接受的作战任务要求他只能在关市附近扫荡小股的匈奴游骑，可是卫青却违令而行，竟能直捣虎穴，耀兵龙城。有了这一次的胜利，往后武帝要求汉军走出国门，兵发漠北，主和派还有什么理由质疑和反对呢？

关市诱击战就这样鬼使神差地缓缓落下了帷幕，只是原本担纲主角的李广万万没有想到自己竟为他人做了嫁衣，令卫青这个龙套演员一战成名。战后，兵败的李广被解除职务，仅靠入财赎罪才勉强逃过了军法的惩罚，免为庶民。将军一去，将星黯淡。李广的失意更衬托出卫青的崛起之迅速。就在关市诱击战的次年（公元前128年），卫青又在汉朝的军事史上留下了浓墨重彩的一笔：汉武帝组织的第一个大规模骑兵军团（为数三万人）在卫青的指挥下自雁门出征，反击匈奴的侵边行动，并成功地斩获了数千敌首。又过了一年，赋闲的李广再度出山，出任右北平太守，而此时的卫青早已不是吴下阿蒙，晋封长平侯的他一跃蹿升到了李广必须仰视的高度。汉军第一名将的易主已经不可逆转。从此往后，大将军卫青还会在讨伐匈奴的征程开创一个又一个辉煌的胜利，而那个偏居于右北平的老兵，则悄无声息地淡出了世人的记忆。

玖

汉武帝元朔二年（公元前127年），岁在甲寅。

无论对大汉王朝还是将军卫青，这都注定是不平凡的一年。在这一年，汉朝收复了自秦亡时便沦于匈奴的河南地，将汉、匈两国的边境线向北重新推至秦将蒙恬曾经坚守过的地方；也是在这一年，指挥汉军收复河南地的卫青晋封长平侯。此时的他不但将曾经的汉军第一名将李广远远地甩在了身后，甚至连蒙恬这样的军史传奇也被他一鼓作气地扫进了发黄的故纸堆。

然而，就是这样一场堪称汉匈战争转折点的关键战役——从此以后，汉军彻底扭转被动防御的态势，剑指漠北，将战火烧向大漠深处——却在历史上留下了许多疑点，以至于到今天为止我们都难以准确还原这场战役的整个过程。

1979年在台湾地区出版的《中国历代战争史》曾经这样描述这场战役：

> 汉此时为巩固长安准备与匈奴大战并争取主动计，乃策定以主力打击匈奴之右部，而采取大迂回作战战略，于匈奴攻击上谷、渔阳之顷，立即使卫青、李息（约三五万骑兵），西出云中（以云中为策源地），包围匈奴右部楼烦、白羊王于今晋西北及伊克昭盟地区（此地区为楼烦、白羊王游牧

地）而击破之，获首虏五千余级，牛羊百余万，白羊、楼烦王北遁，青追至高阙而还。遂尽克复秦蒙恬所获之故地，凯旋军自陇西（今甘肃临洮县东北）而还。

这是迄今为止，关于西汉收复河南地这场战役最完整也是最通行的历史描述。后来大陆方面由军事科学出版社出版的《中国军事通史·西汉军事史》以及解放军出版社出版的《中国历代军事战略》在编写相关内容的时候都沿用了上述研究成果。这意味着海峡两岸的军史研究专家们一致认为，收复河南地战役是在两位指挥官——卫青和李息的相互配合下取得成功的。但奇怪的是，战后立功受赏的名册上，卫青赫然在列，甚至他麾下的两位校尉苏建和张次公也获封侯，但名为主帅之一的李息却意外"失踪"了：

> 以三千八百户封（卫）青为长平侯。青校尉苏建有功，以千一百户封建为平陵侯。使建筑朔方城。青校尉张次公有功，封为岸头侯。
>
> ——《史记·卫将军骠骑列传》

李息不但没有在此次战役后获得任何封赏，甚至汉武帝颁布的褒奖诏书中也没有一处提到他的名字。这不禁令人怀疑：李息，这位自景帝朝便投身行伍、资历远比卫青更老的将军究竟有没有参与收复河南地的军事行动呢？以《史记》和《汉书》的相关记载来考据，答案应该是：没有。

《史记·匈奴列传》载：

> 其明年，卫青复出云中以西至陇西，击胡之楼烦、白羊王于河南，得胡首虏数千，牛羊百余万。于是汉遂取河南地，筑朔方，复缮故秦时蒙恬所为塞，因河为固。汉亦弃上谷之什辟县造阳地以予胡。是岁，汉之元朔二年也。

上述记载显示，战役的指挥官只有卫青一人，并未提及李息。而我们从李息的传记中也可以找到相关旁证，证明他没有参战：

> 将军李息，郁郅人。事景帝。至武帝立八岁，为材官将军，军马邑；后六岁，为将军，出代；后三岁，为将军，从大将军出朔方：皆无功。凡三为将军，其后常为大行。
>
> ——《史记·卫将军骠骑列传》附李息传

在这篇简短的传记里，司马迁清晰地罗列了李息在武帝朝参与的作战行动，一共有三次，分别是：

公元前133年的马邑之谋；

公元前128年的代郡反击战；

公元前124年自右北平出击匈奴。

至于收复河南地战役发生的当年（即公元前127年），史笔则付之阙如。假设李息真是收复河南地战役的指挥官之一，作为同时代亲历者的司马迁绝不可能漏书这么重要的内容。

这样一来,我们不禁要发问,既然《史记》清楚地记载了公元前127年李息并未参战,那又是什么导致后世史家发生误会,认为是李息与卫青合作指挥了收复河南地战役呢?追根究底,恐怕得说是司马迁在下面这篇传记中的书法不严谨所导致的:

> 明年(公元前128年),匈奴入杀辽西太守,虏略渔阳二千余人,败韩将军军。汉令将军李息击之,出代;令车骑将军青出云中以西至高阙。遂略河南地,至于陇西,捕首虏数千,畜数十万,走白羊、楼烦王。遂以河南地为朔方郡。
>
> ——《史记·卫将军骠骑列传》

上述文字中,太史公将公元前128年卫青、李息对匈奴的反击作战和公元前127年卫青收复河南地的战役首尾相连,写在了一起,而且只标注了公元前128年(也就是太史公笔下的"明年")一个时间点,这自然容易引起误会,让人误以为是李息出代反击匈奴后,随即同卫青合作收复了河南地,但其实这两件事情之间相隔了整整一年。为了厘正这个书法上的纰漏,班固将它作了这样的改写:

> 元朔元年(公元前128年)春,卫夫人有男,立为皇后。其秋,(卫)青复将三万骑出雁门,李息出代郡。青斩首虏数千。
>
> 明年(公元前127年),青复出云中,西至高阙,遂至于陇西,捕首虏数千,畜百余万,走白羊、楼烦王。遂取河

南地为朔方郡。

——《汉书·卫青传》

经过班固的改写,事件的原委便一目了然:卫青与李息的配合行动是在公元前128年发生的,至于次年收复河南地,则是卫青单独受命,李息并未参与。至于李息缺席的原因,《史记》其实已经给出了答案:武帝一朝,李息三征匈奴,俱无功劳。换句话说,公元前128年对匈奴的那次反击作战,卫青自雁门出战,斩获了敌首数千,而别出代郡的李息却寸功未立,相形见绌。两相对比之下,武帝于次年收复河南地时放弃李息而专任卫青,实在是情理之中的事情。

如果说公元前129年的关市诱击战让卫青成功地超越了三朝名将李广,那么公元前128年的雁门反击战则令他将又一位老将军李息甩在了身后。李广与卫青竞争失利,在前文中我已分析过原因,至于李息为何也在卫青面前表现弱势,一种可能的解释是,李息是一位精于步兵战术的将军——公元前133年的马邑之谋,李息任材官将军,指挥的就是步兵军团。和匈奴作战,必须专倚骑兵,李息自然无所用武。这或许也是他三征匈奴无功而返的重要原因。

将军李息缺席了公元前127年收复河南地的战役原本是非常清楚的历史事实,可就因为《史记·卫将军骠骑列传》那含混不清的书法,导致后来史家相沿成误。从东汉荀悦撰写的《前汉纪》开始，李息就被"安排"在了收复河南地战役的指挥官的位置上：

> 匈奴入上谷、渔阳，遣将军卫青、李息出云中，西至符离。获首虏数千级，收河南地，北置朔方、五原郡。
>
> ——《前汉纪》

荀悦在《前汉纪》中犯下的错误后来又被司马光原封不动地搬进了《资治通鉴》，以至于我们今天编纂的《中国历代战争史》和《中国军事通史》等书还误认为李息是收复河南地的功臣之一。

不过话又说回来，误将李息视作收复河南地战役的指挥官其实还只能算是一处细节上的纰缪，尚不足以导致史实的整体失真，直到下面这个致命的误会出现的时候，我们对战役进程的认知才遗憾地被彻底扭曲了：

《中国历代战争史》中绘制的卫青收复河南地的进军路线图显示，卫青自云中郡出兵，沿着河套平原的"几"字形外侧兜了整整一圈，最终取道陇西，回到汉境。《中国历代军事战略》（解放军出版社）也沿用了这幅示意图。这两幅大同小异的示意图讲述的都是这样一个故事：卫青此次出兵的目标是要收服河南地，而河南地此前一直为依附匈奴的白羊王和楼烦王所占据。因此，要夺占这片土地，卫青必须首先击溃白羊王和楼烦王所部。为了造成对这两个小部落的战场优势，离开云中后，卫青便麾军西进,直插高阙,成功切断了白羊王、楼烦王与匈奴右贤王之间的联系。随后卫青继续向西迂回,终于包围并且铲除了盘踞在河南地的白羊、楼烦二王的势力。就这场战役的过程,《中国历代军事战略》一书描述说:

> (这场战役)在作战方式上也有很大的特点。这次的迂回是集中全部兵力从白羊王、楼烦王与右贤王辖区间穿过,深入千余里,割裂开右贤王所部,而把白羊王、楼烦王聚而歼之。

"聚而歼之"的描述表明大陆的军史专家们将这场战役定性为一场包围歼灭战,而台湾地区的军史研究者虽然更严谨地指出了此次战役该是击溃战而非歼灭战——司马迁在《史记·卫将军骠骑列传》中对这场战役的记载是"走白羊、楼烦王",所谓"走",也就是击溃之意——但仍在《中国历代战争史》中使用了诸如"包围匈奴右部楼烦、白羊王于今晋西北及伊克昭盟地区(此地区为楼烦、白羊王游牧地)而击破之"这样的措辞。

假设两岸军史研究专家们的观点无误,卫青此次出兵是绕行河套并包围了白羊王、楼烦王两部,那么接下来的两个问题就是我们深入研究战役细节的时候必须要回答的:

其一,黄河河套平原的面积总计两万五千平方公里之巨,卫青要在这样宽阔的战场上包围并歼灭白羊王、楼烦王两部,如果不采取分进合围的战术,几乎是不可能的。那么,卫青一军究竟分作哪几路发动进攻,这些军队的指挥官分别是哪些人?

其二,卫青自云中西进之后,是首先占领高阙,随后才挥师南下的,南下前卫青的军队应在黄河以北,而白羊、楼烦二王则在黄河以南。那么卫青的军队从哪里渡过黄河,进军的具体线路又是怎样的呢?

要回答上述问题,我们能够依靠的首要的也几乎是唯一的文献记载,就是《史记·卫将军骠骑列传》中所保存的那一份战后褒奖参战人员的诏书。在这份以汉武帝的名义颁布的诏书中,详细地记载了卫青此次作战行动的整个过程:

"①今车骑将军(卫)青度西河至高阙,获首虏二千三百级,车辎畜产毕收为卤。②已封为列侯(以三千八百户封卫青为长平侯),遂西定河南地。按榆溪旧塞,绝梓领(岭),梁北河,讨蒲泥,破符离,斩轻锐之卒,捕伏听者三千七十一级,执讯获丑,驱马牛羊百有余万,全甲兵而还,益封青三千户。"

从这份诏书中提到的对卫青的两次封赏,我们可以清楚地看到收复河南地战役其实是由两个阶段组成的。在战役的第一阶段,卫青自云中溯黄河北岸西进,目标应该是扫荡黄河的后套地区:这里水网纵横,土地肥美,既可以在将来展开大规模屯田,建设产粮区以支持戍边军队,同时又能铸成防御匈奴南下的第一道屏障。廓清这一区域的匈奴人之后,卫青的军队一直向西追过了黄河的西河段，直到高阙塞方才止步。就是在这时，卫青接到了武帝对他的第一份嘉奖——以三千八百户封他为长平侯。

获封列侯并不意味着卫青此次出兵已经大功告成。事实上，武帝封卫青为侯的潜在用意是要激励他贾其余勇，接下来一举荡平盘踞在河南地的白羊王和楼烦王两部。而对这第二阶段的战役，诏书详细地记载了卫青的进军路线：循着榆溪旧塞的方向，翻过梓岭，由黄河的北河段架桥强渡，先后在蒲泥和符离与敌人展开激战。这一阶段的战役卫青大获全胜，不但斩首甚多，而且缴获了丰厚的战利品，因此武帝又一次向他颁发了褒奖令——增封卫青食邑三千户。

从诏书看，卫青在这两个阶段的战役行动中均未分兵，实是一军独进，因此击溃白羊、楼烦二王的战役行动绝不可能是包围战。那么，《中国历代战争史》和《中国历代军事战略》中那两份像包饺子一样的进军路线图又是怎么回事呢？要厘清这两幅图的谬误，首先必须说明卫青在两阶段战役行动中的渡河地点。卫青先渡西河，再渡北河，这西河与北河分别在哪里呢？唐代杜佑所撰《通典》曰：

> 汉武帝元朔二年，车骑将军卫青渡西河至高阙，破匈奴。河自今灵武郡之西南便北流千余里，过九原郡乃东流。时帝都在秦，所谓西河，疑是此处。其高阙当在河之西地。又按《史记》云赵武灵王筑长城，自代傍阴山下，至高阙。

合在阴山之西，则与《汉书》符矣。其河自九原东流千里，在京师直北，汉史即云北河；斯则西河之侧者。

杜佑解释说，西河与北河是西汉时人对黄河的不同河段的俗称，而这两个以方位命名的俗称都是基于一个共同的坐标点，即帝都长安。自灵武西南角起、南北流向的黄河河段因在长安以西，故俗称西河；而九原（今内蒙古包头一带）以东、东西流向的黄河河段因在长安正北，故俗称北河。

在第一阶段战役中，卫青是一路溯黄河西进，渡过西河，直至西河外的高阙塞（在今内蒙古巴彦淖尔市乌拉特后旗）方才驻马的。这一阶段战役的目的主要是孤立白羊王、楼烦王两部，切断他们与匈奴右贤王的联系，但其实还未与二部发生正面冲突。可《中国历代战争史》却说"（卫青）包围匈奴右部楼烦、白羊王于今晋西北及伊克昭盟地区而击破之，获首虏五千余级，牛羊百余万，白羊、楼烦王北遁，青追至高阙而还"，把击破白羊王和楼烦王的时间排列在兵进高阙之前，又将第一阶段战役斩获的二千三百级与第二阶段战役斩获的三千零七十一级合说为五千余级，显然是误将两个阶段的战役行动混淆为一了。

接下来，最难考证的问题是：第二阶段战役开始的时候，卫青一军究竟是向哪个方向进行战术机动？汉武帝的诏书上说"遂西定河南地"，似乎卫青兵进高阙之后转而西向，一路奔高阙西南的陇西而去。这也是《中国历代战争史》和《中国历代军事战略》两部书的示意图上标注卫青向西南迂回的主要文献依据。但是这条文献其实还有另一种可能的解读。

武帝诏书所载卫青第二阶段战役的进军路线,其中有以下几个地点经学者考证,是可以约略指出方位的:

首先,卫青自高阙南下略取河南地,诏书明说他是在北河架桥渡河的,那就意味着卫青渡河的地点不可能在九原以西,而只能在九原以东。《中国历代军事战略》说"卫青率军直插高阙,渡过灵州(今宁夏银川以南)附近的北河,最后到达陇西",这是完全误解了北河的方位。银川以南的黄河河段在长安以西,为南北流向,只能是汉人口中的"西河"而非"北河"。换句话说,根据武帝诏书所描述的路线,卫青从高阙南下,不是向西迂回而是折返东方。在九原以东的黄河河段上,他选择的具体渡河地点又在哪里呢?诏书上说卫青是循着榆溪旧塞的方向而去的。关于榆溪旧塞的位置,唐代司马贞所著《史记索隐》说:

> 《水经》云"上郡之北有诸次水,东经榆林塞,为榆溪",是榆谷旧塞也。

以唐人李吉甫所撰《元和郡县志》所指示的方位来看,武帝诏书中的"榆溪旧塞"乃在唐代胜州的榆林县(今陕西榆林)以东三十里。

因此,卫青占领高阙之后,继续南下夺取河南地,在这期间他实际上走了一段回头路,朝着当年秦军击败匈奴的榆溪旧塞的方向，从九原以东河段架桥渡过黄河，然后向西南方向穿插，击溃了白羊王和楼烦王二部：孤军独进，像一柄利剑一样斜行刺穿整个河南地，直至陇西，返回汉境。这是典型的击溃战而非包围战的打法。武帝诏书中说卫青"西定河南地"，描述的其实仅仅是卫青第二阶段行动的总体方向——因为他最终抵达了陇西，陇西确实是在高阙的西南方——而不是卫青出高阙以后的南下行军路线。《中国历代战争史》和《中国历代军事战略》两部著作都是被这句"西定河南地"所误导，才错误地认为卫青占领高阙之后是向西迁回，沿着西河绕行。

  稍有疑问的是武帝诏书中提到的"梓岭"。据清儒沈钦韩的推断，所谓"梓岭"可能是唐人口中的木根山，具体地址在唐夏州故城（在今陕西靖边）的西北方。如果沈钦韩的推断不误的话，那么梓岭该在北河以南。可武帝诏书的原文却说"绝梓领（岭），梁北河"，似乎卫青一军是先翻越了梓岭，然后才渡过黄河的。要照这样看，梓岭又该在黄河以北。假设我们相信沈钦韩的推断，则《史记》所载的这份武帝诏书可能存在错简的情况，也就是"绝梓领，梁北河"两句的顺序颠倒了；要是我们坚持《史记》的记载不误，那么梓岭究竟在哪里，恐怕就还有待进一步的考证。

  至于诏书中所提到的"讨蒲泥，破符离"，"蒲泥"与"符离"都应该是地名而非游牧部落的王号，因为《汉书·武帝纪》

对此的记载是"出高阙,遂西至符离"。从诏书看,在"蒲泥"和"符离",汉军应该与白羊、楼烦二部发生了激战,但激战的具体地点在哪里,囿于文献资料的匮乏,我们今天已经不得而知了。

不过稍稍值得留意的是,《史记》中曾经不止一次提到过"符离",比如:

> 陈胜自立为将军,吴广为都尉。攻大泽乡,收而攻蕲。蕲下,乃令符离人葛婴将兵徇蕲以东。攻铚、酂、苦、柘、谯皆下之。行收兵。

——《史记·陈涉世家》

此处的符离不在塞北而在淮北,具体地说是在西汉沛郡(今属安徽宿州),为战国以降的楚地。公元前119年随骠骑将军霍去病出征匈奴的路博德曾因战功而被封于此,号符离侯。钱穆先生在《史记地名考》一书中曾说,中国历史上的人口迁徙往往带来地名的转移,也就是说迁徙侨居的人们往往因为思念故土而将乔迁之地以故乡的地名来重新命名,这就有可能造成淮北的地名被移用于塞北的情况。西汉的皇室贵胄多是楚人后裔,卫青收复河南地时发生激战的那个符离,或许是西汉政治高层为了纪念这次战役的胜利而特别以楚地的旧名来重新加以命名的吧?

拾

公元前127年成功收复河南地，对汉匈战争中一直深陷被动的西汉王朝来说是一次具有里程碑意义的胜利。西汉不仅收获了七十余年来（自公元前200年白登之围算起）出击匈奴的首次重大胜利，恢复了旧时蒙恬对匈作战的有利态势，而且还几乎得到了一个意外的惊喜。

就在汉朝收复河南地的次年冬天，匈奴军臣单于带着战败失地的耻辱永远地闭上了双眼。他刚去世，弟弟左谷蠡王伊稚斜便起兵篡位，驱逐了军臣单于的太子於单。於单走投无路，被迫归降汉朝，被封为陟安侯。对汉朝来说，於单是天上掉下来的礼物。根据秦朝抗击匈奴的历史经验，嬴秦所以能够占据优势，除了奄有河南地，建立起宽阔的战略纵深之外，北方草原上与匈奴鼎足的东胡和大月氏造成了对匈奴的掣肘，也客观上帮助了秦人。可是自冒顿单于以后，匈奴破东胡，逐月氏，独霸了北方草原，解除了后顾之忧。匈奴全力南向，自然会让新兴的西汉王朝感受到比故秦时沉重得多的军事压力。眼下汉武帝甫一夺回河南地，匈奴便因为嗣君之争而爆发高层内讧，设使汉廷能够扶植於单，利用他的身份另立王庭，造成匈奴帝国的分裂，那么汉朝接下来的对匈作战行动很可能会因为北方政治版图的碎片化而变得容易许多。令人惋惜的是，降汉仅仅数月之后，於单便死去了。至于死因，《史记》《汉书》均未说明，或许是南来之后，水土不服所致。

於单的意外死亡除去了伊稚斜单于的一块心病，但丢掉了水草丰美的河南地却着实让匈奴右贤王损失不小，因而耿耿于怀的右贤王此后频繁兴兵盗边，试图破坏西汉王朝在河南地创建朔方郡的巩固占领计划。为了解除右贤王对朔方郡的威胁，公元前124年，汉武帝终于决定向北方派迁一支规模庞大的远征军。《中国历代战争史》载：

> 元朔五年春，汉亦大举反击，使大行李息、岸头侯张次公将军出右北平，攻匈奴之左部；而主力以卫青为统帅，进袭右贤王。此主力军之编组如次：
>
> 卫尉苏建为游击将军。
>
> 左内史李沮为强弩将军。
>
> 太仆公孙贺为骑将军。
>
> 代相李蔡为轻车将军。
>
> 以上连李息、张次公共为六将军，皆统属于卫青。而卫青本部三万骑，合六将军所统帅者，共十余万骑，以击匈奴。此役汉军大概以朔方为策源，李息、张次公之任务，似为牵制作战。

《中国历代战争史》对此次汉军兵团编组及领导体制的分析

应该是基于《史记·匈奴列传》的这段记载：

其明年春，汉以卫青为大将军，将六将军，十余万人，出朔方、高阙击胡。

但《史记》的上述记载其实并不准确，因为司马迁在《卫将军骠骑列传》中又写道：

其明年，元朔之五年春，汉令车骑将军青将三万骑，出高阙；卫尉苏建为游击将军，左内史李沮为强弩将军，太仆公孙贺为骑将军，代相李蔡为轻车将军，皆领属车骑将军，俱出朔方；大行李息、岸头侯张次公为将军，出右北平：咸击匈奴。

从这里可以看出，卫青作为此次出征的主帅，他的指挥权仅限于节制主力兵团中的四位将军——苏建、李沮、公孙贺和李蔡。至于从右北平出击的李息和张次公，因为距离太远，遥制不便，其实是独立行动的，绝不可能如《中国历代战争史》所说"是役卫青竟能指导远东方之作战，是为中国史上战略指导之又一大跃进"。至于李、张二将军发动东方攻势的作用，我私意以为倒不一定意在牵制作战，因为《史记》《汉书》均未提到单于本部或者左贤王部有增援右方的动向。那李、张二将的作用又该是什么呢？三年前卫青夺取河南地其实已经是狠狠地揍了右贤王一拳，如果这回再像上次那样由西线孤军独进，那么吃过一次亏的右贤王将会很快警觉起来，卫青便无法达成奇袭的效果。所以汉武帝在东方另起一军，该是要迷惑敌人，掩盖汉军真正的攻击方向。为了尽可能让卫青的这一次突袭出敌不意，武帝遴选佯攻东方的将领也是颇费了一番心思的：早在公元前128年汉朝对匈奴的反击作战中，李息就曾与卫青做过类似的东西两路配合。当时他兵出代郡，与自云中出征的卫青遥相呼应。因此这回武帝再次找来了李息这个老搭档，安排他与卫青唱一出双簧。考虑到上一回两人分军出征，卫青斩获首虏数千，而李息则寸功未立，这位景帝朝遗下的老将军对匈作战可能存在某些不足，因此武帝这次特别为他安排了经验丰富的张次公做副手——张次公正是公元前127年收复河南地战役中立功封侯的三位将领之一。

从战争的后续发展看，汉军的战术设计是成功的。匈奴右贤王确实没有对汉军的远程奔袭做足准备。除开李息、张次公的佯攻之外，另一个影响右贤王判断的重要因素是：他没能料到汉军的远程作战能力会增长得如此迅速——匈奴高层对汉军作战能力的判断总是滞后于汉军的实际成长速度，右贤王犯下的这个致命的错误五年后将会在伊稚斜单于的身上重演。一直将远程奔袭视作匈奴看家本领的右贤王，这一回他的想象力的天花板完全被卫青击碎了：卫青的军队居然能够出塞六百里之遥，在右贤王搂着爱姬喝酒寻欢的晚上拍马杀到。乱军中，惊慌失措的右贤王只带了一个女人和数百精兵溃围北逃，而他麾下的十多个裨王和一万五千部众则扫数沦为卫青的俘虏。

从西汉方面来说，首先击溃右贤王部几乎是势所必然的选择，因为右贤王部深入河南地，对汉都长安的威胁太大。它就像一颗在汉朝脊背上闪着寒光的獠牙，汉武帝不得不首先把它拔除。可是击溃右贤王部却在不经意间对接下来的汉匈战争造成了重要的影响：右贤王被击溃后，匈奴的右方势力损失惨重，无力反攻，接下来对汉朝的报复行动就只能由单于本部或者左贤王来承担。这就好比两个拳手之间的缠斗：汉朝的进攻总是死死盯住匈奴已经受伤流血的右拳，而匈奴则用它尚属完好的左拳回击对手。于是乎我们看到汉军后续的重大军事行动往往会在西方展开，而遭到打击后的匈奴则紧跟着在东方发起报复。这种战略态势对匈奴来说是非常不利的，因为它在东方的报复行动无法对汉朝构成致命的伤害，可汉朝在西方的攻势则将动摇匈奴帝国的基石——这个称霸北方几十年的草原帝国，它的强大不仅依靠其自身的力量，同时也有赖于对西域诸国的控制与盘剥。一旦匈奴的右方势力趋于崩溃，它在西域的影响力就将削弱，控制体系就将瓦解，到那时，曾经号令诸侯的霸主将无奈地退化为一个偏安而平庸的草原政权。

拾壹

公元前 124 年击溃匈奴右贤王令卫青的军旅生涯到达巅峰。

汉武帝为了表彰他的不世之功，钦命使者赶赴军中，拜卫青为大将军，位在诸将之上。不但如此，甚至连卫青的三个身在襁褓的幼子卫伉、卫不疑和卫登也都雨露均沾，获封列侯——要知道，许多军界耆宿如李广、李息、李沮等人，在战场上出生入死，拼杀了一辈子，到了也没能博得一个列侯的爵位呢。建号大将军，意味着卫青此时已是汉军中最璀璨的将星，将军之中的将军。而此时距离卫青初踏征程，只有短短五年的时间。可是，春风得意的卫青恐怕无论如何也预料不到，他所创造的这一军旅传奇虽是空前，却非绝后。次年（公元前123年）兵出定襄，再击匈奴，卫青因为战损过大——这一回卫青统率六大将军、十万军队出征，结果前将军赵信兵败投敌，右将军苏建仅以身免——战后没能得到武帝的任何封赏，反倒是一个年仅十八岁的"新兵"因为斩首二千零二十八级获封冠军侯，他就是——霍去病。

这是霍去病的名字第一次出现在司马迁的记载中。可是到公元前119年，汉武帝下令设置大司马，霍去病居然与卫青并受此职，秩禄与之抗礼。此时离卫青获封大将军，仅仅五年。

> 自是之后，大将军（卫）青日退，而骠骑（霍去病）日益贵。举大将军故人门下多去事骠骑，辄得官爵。
>
> ——《史记·卫将军骠骑列传》

又是一个五年！卫青不但被新贵霍去病掩盖了光芒，甚至连从前追随卫青的门生故吏也纷纷改换门庭，投靠霍府。盛极而衰来得竟是如此突兀,这难道仅仅是因为霍去病天纵英才,卫青比之弗如吗?事实恐怕不完全是这样的。霍去病的军事天才毋庸置疑,但他在军界的蹿升如此之迅速,绝不仅仅是锥处囊中,其末立见,更重要的是有一双强有力的手在背后为他助推,而伸手的这个人正是汉武帝刘彻。

和青史留名的文臣们不同——文臣博取丹青之誉不一定非指望着立功不朽这一条道。如果建立事功的客观条件不具备,立德、立言都在可选之列。公孙弘虽然在丞相任上政绩平平,但仗着蔬食布被、俭以养德的"人设",照样能挤进《史记》列传。至于著书立说的汉代名臣,那更是不胜枚举。将军们的身份和工作性质决定了他们的事业局限性要比读书人更大,要想不被历史的尘埃埋没,只能去挤建功立业这条羊肠小道。可建立事功是需要成全的,毕竟战争是国家意志的体现,而不是个人争名夺利的秀场。从建功立业的资源和客观条件上看,霍去病要比他同时代的其他将领优越得多:

> 诸宿将所将士马兵亦不如骠骑,骠骑所将常选,然亦敢深入,常与壮骑先其大军,军亦有天幸,未尝困绝也。然而诸宿将常坐留落不遇。由此骠骑日以亲贵,比大将军。
>
> ——《史记·卫将军骠骑列传》

霍去病能在战场上节节胜利,除开杰出的军事指挥才能之外,也端赖于他所统率的都是汉军中百里挑一的战士,精锐之中的精锐。作为并世双骄，霍去病的将才比之卫青究竟如何，我们今天其实很难做出判断，因为汉武帝从没给予他们二人公平竞争的机会，他对霍去病的偏爱是毫不掩饰的：

> 元狩四年春，上令大将军青、骠骑将军去病将各五万骑，步兵转者踵军数十万，而敢力战深入之士皆属骠骑。骠骑始为出定襄，当单于。捕虏言单于东，乃更令骠骑出代郡，令大将军出定襄。
>
> ——《史记·卫将军骠骑列传》

公元前119年，西汉倾举国之力与匈奴展开了最大规模的决战。虽然汉武帝命卫青和霍去病各带五万骑兵出征，可是最骁勇剽悍的士兵统统配属给了霍去病。并且，为了能让霍去病担任主攻，正面对决匈奴单于，武帝甚至不惜临战易策，调换卫青与霍去病的战场位置。这是一场在不公平的规则下举行的竞赛，卫青和他的麾下诸将又怎能胜出？我们不必为武帝开脱，辩称他是因为霍去病之前两出陇西，战功彪炳，才这么"偏心眼"。事实上，早在霍去病初上战场的时候，武帝对他就已经是这个态度了：

> 是岁（公元前123年）也，大将军姊子霍去病年十八，幸，为天子侍中。善骑射，再从大将军，受诏与壮士，为剽姚校尉，与轻勇骑八百直弃大军数百里赴利，斩捕首虏过当。于是天子曰："剽姚校尉去病斩首虏二千二十八级，及相国、当户，斩单于大父行籍若侯产，生捕季父罗姑比，再

冠军，以千六百户封去病为冠军侯。……"

——《史记·卫将军骠骑列传》

公元前123年卫青率六将军北征匈奴的时候，霍去病的名字才首次列入参战将领的名单，此时的他还只是一个低级别的校尉，甚至不够资格成为六将军之一。很难想象，作为国家元首的汉武帝竟然会亲自下诏大将军卫青，命令他要关照十八岁的霍去病，为霍去病配属最有战斗力的士兵。卫青遵照武帝的旨意做了，战后的结果却是他自己身为主帅，要为汉军在战场上的重大损失负责，而霍去病则一战封侯，并在此后对卫青的地位构成越来越强的挑战。是汉武帝一手将卫青捧上了神坛，可为什么卫青不负所望、功成名就之后，武帝又要借霍去病来打压他呢？

说起这个话题，我不禁联想到一桩发生在汉景帝后元元年（公元前143年）的旧事①：

> 顷之，景帝居禁中，召条侯，赐食。独置大胾，无切肉，又不置箸。条侯心不平，顾谓尚席取箸。景帝视而笑曰："此不足君所乎？"条侯免冠谢。上起，条侯因趋出。景帝以目送之，曰："此怏怏者，非少主臣也！"

——《史记·绛侯周勃世家》

彼时的刘彻还只是个十四岁的孩子。七年前，他的父皇刘启

---

① 此据《资治通鉴》编年。

废栗太子刘荣,改立胶东王刘彻,曾经引起丞相周亚夫的极大不满,导致君臣间产生难以弥合的政治裂痕。周亚夫罢相之后,汉景帝为了试探他的忠心,尤其是他对少主刘彻的态度,专程请他入宫赴宴,并特意交代侍从不要在周亚夫的食案上设餐具。结果周亚夫当场给景帝摆了脸子,君臣不欢而散。"此怏怏者,非少主臣也"——仗恃戡定七国之乱的首功,周亚夫这个军人政治家的骄横跋扈给父皇刘启带来了多么强烈的焦虑,又会给自己将来的执政带来多么深重的隐忧,刘彻大概不会轻易淡忘。所以即位之后,他虽因发动汉匈战争的需要大力提拔年轻将领,但同时也在想方设法限制将军们的权力,避免从前那种军人政治家主导政府的局面再次出现。公元前124年,卫青的权势臻于顶峰,汉武帝对他的担心也开始逐渐显露。不得不说,此时的卫青在军界的影响力已经过强了,他和麾下的嫡系军官正在形成一个军界新贵的小圈子,并有意无意地将其他人边缘化。

就在卫青出任大将军的当年,赋闲已久的老将李广被汉武帝重新起用,官拜郎中令。第二年,他便追随卫青出征。司马迁对此的记载是:

> 元朔六年(公元前123年),广复为后将军,从大将军军出定襄,击匈奴。诸将多中首虏,率以功为侯者,而广军无功。

——《史记·李将军列传》

为什么别人纷纷立功，李广却一无所获？难道仅仅是厄运作祟？李广总是抱怨怀才不遇。眼看着许多资历、能力不及自己的人纷纷立功封侯，自己却还在原地踏步，他的抑郁可想而知。李广曾和一个望气的术士王朔闲聊，问了对方这么一个问题：

"自汉击匈奴而广未尝不在其中，而诸部校尉以下，才能不及中人，然以击胡军功取侯者数十人，而广不为后人，然无尺寸之功以得封邑者，何也？岂吾相不当侯邪？且固命也？"

——《史记·李将军列传》

王朔向李广解释说，一生征战却不得封侯，那都是你李将军从前在战场上种下的孽缘——李广做陇西太守，镇压羌人叛乱时曾有过杀降八百的不义之举。坦率地说，我不相信这种宿命论的解释。李广不得封侯，真正的原因恐怕还得说是卫青对他的排挤所致。

就以公元前123年的这次出征来说，值得我们特别注意的是，此次出征，汉军的兵团编组较之以往更趋严密：

公孙敖　中将军

公孙贺　左将军

苏　建　右将军

赵　信　前将军

李　广　后将军

李　沮　强弩将军（似属大将军本部）

我们不妨对比上一年卫青以车骑将军的身份出征右贤王时的兵团编组：

李　沮　强弩将军

苏　建　游击将军

公孙贺　骑将军

李　蔡　轻车将军（以上属车骑将军卫青）

李　息　张次公二将军别出东路

编组的日趋严密，一方面说明汉军组织大兵团作战的能力进一步提升，但同时也意味着主帅卫青控制军队的能力进一步加强。这对李广这样的老将来说绝非福音。

主帅卫青让李广担任后将军，处在这个位置上的李广根本没有机会当先遇敌，又怎么立功？四年后李广再次追随卫青参加与匈奴单于的大决战，这一回李广虽然在出征前争取到了前将军的位置，但临战时卫青却执意将李广从战位上调离，于是李广当场就同卫青爆发了激烈的冲突：

> 广既从大将军青击匈奴，既出塞，青捕虏知单于所居，乃自以精兵走之，而令广并于右将军军，出东道。东道少回远，而大军行水草少，其势不屯行。广自请曰："臣部为前将军，今大将军乃徙令臣出东道，且臣结发而与匈奴战，今

乃一得当单于，臣原（愿）居前，先死单于。"大将军青亦阴受上诫，以为李广老，数奇，毋令当单于，恐不得所欲。而是时公孙敖新失侯，为中将军从大将军，大将军亦欲使敖与俱当单于，故徙前将军广。广时知之，固自辞于大将军。大将军不听，令长史封书与广之莫（幕）府，曰："急诣部，如书。"广不谢大将军而起行，意甚愠怒而就部，引兵与右将军食其合军出东道。

——《史记·李将军列传》

虽说卫青调开李广的背后有汉武帝的授意，但卫青本人也不是没有私心：他的生死之交公孙敖两年前配合骠骑将军霍去病出征祁连山，因为跟不上霍去病狂飙突进的节奏，延误了会兵的时间，而被免为庶民——事实上，同霍去病配合作战的老将们大都跟不上他的节奏，往往因此得罪受罚。卫青调开李广，目的是要把战场立功的机会留给公孙敖，帮助他把两年前失去的侯爵夺回来。

司马迁在《史记》中为李广作传，替他的怀才不遇发声鸣冤，但如果我们把视野再放宽一点，难道需要鸣冤的只有李广一人吗？和李广身份类似的老将如李息、李沮等人，他们也都曾配合卫青作战，可到了立功受赏的时候也照样比不上卫青的嫡系。比如公元前124年击破匈奴右贤王的战役，汉武帝战后颁布的封赏是这样的：

"护军都尉公孙敖三从大将军击匈奴，常护军，傅校获王，以千五百户封敖为合骑侯。都尉韩说从大将军出窳浑，至匈奴右贤王庭，为麾下搏战获王，以千三百户封说为龙岩侯。骑将军公孙贺从大将军获王，以千三百户封贺为南窌侯。轻车将军李蔡再从大将军获王，以千六百户封蔡为乐安侯。校尉李朔，校尉赵不虞，校尉公孙戎奴，各三从大将军获王，以千三百户封朔为涉轵侯，以千三百户封不虞为随成侯，以千三百户封戎奴为从平侯。将军李沮、李息及校尉豆如意有功，赐爵关内侯，食邑各三百户。"

——《史记·卫将军骠骑列传》

论资历，论官阶，李沮、李息两位景帝朝遗下的老将军都明显要高于立功受赏的大部分将领，可是他们得到的封赏却是最低的一等。并且这二位将军都不止一次随卫青出征，可在司马迁为他们所作的传记中却没有记载任何像样的战功，这跟李广的情形如出一辙，只不过较之他们，李广的遭遇稍微极端一点罢了。

嫡系抱团生长，排斥军界元老，放任这个趋势发展下去，往后这支军队究竟姓刘还是姓卫都成问题。无论卫青本人对此是什么态度，但他的嫡系势力日益壮大是任何一个皇帝都不能接受的，毕竟谁都不想做周世宗，而让人家来当赵匡胤。既然李广那样的老将无力对卫青形成制衡，那汉武帝也只能在更年轻的霍去病身上下注了。

拾贰

建号大将军，节制诸将，三子封侯。论地位，论权势，卫青似乎都已超过了前朝的军人政治家周勃、周亚夫和窦婴等辈。可是，在汉武帝力捧霍去病以打压卫青的过程中，这位大将军却表现得软弱而顺从。他为什么不像历史上的权臣那样就地反击呢？司马迁解释说，这是因为卫青本来就是个好脾气的人：

> 大将军为人仁善退让，以和柔自媚于上，然天下未有称也。

——《史记·卫将军骠骑列传》

卫青的好脾气，倒也不是司马迁的一面之词，我们还可以找到别的旁证：元朔六年（公元前123年），阴谋造反的淮南王刘安曾与幕僚伍被秘密商讨对汉廷开战的可能性以及具体的作战计划。其间，刘安专门向伍被询问了汉武帝最有可能派出的战场统帅——大将军卫青的情况。而伍被对卫青的描述与司马迁本人的观察是吻合的：

> "被所善者黄义，从大将军击匈奴，还，告被曰：'大将军遇士大夫有礼，于士卒有恩，众皆乐为之用。骑上下山若蜚，材干绝人。'被以为材能如此，数将习兵，未易当也。及谒者曹梁使长安来，言大将军号令明，当敌勇敢，常为士

卒先。休舍，穿井未通，须士卒尽得水，乃敢饮。军罢，卒尽已度河，乃度。皇太后所赐金帛，尽以赐军吏。虽古名将弗过也。"

——《史记·淮南衡山列传》

无论面对高贵的士大夫还是普通士卒，卫青的待人接物都一样彬彬有礼、和蔼可亲。但这换来的结果却是"天下未有称也"——卫青并未因此赢得社会舆论的广泛赞誉。这岂不是咄咄怪事吗？我们不能轻率地质疑太史公的记载失准，因为说卫青名誉不显并非源自司马迁本人的观察和判断，而是卫青的嫡系部将苏建亲口告诉司马迁的：

太史公曰：苏建语余曰："吾尝责大将军至尊重，而天下之贤大夫毋称焉，原（愿）将军观古名将所招选择贤者，勉之哉。"

——《史记·卫将军骠骑列传》

在士大夫们的评价中，卫青没有得到与他的地位相匹配的尊重。不但如此，甚至亲手把卫青提拔到一人之下的汉武帝，给予卫青的礼遇也嫌过分简慢：

大将军青侍中，上踞厕而视之。

——《史记·汲郑列传》

武帝就这样歪在榻上接见卫青这个百僚之首，这种事情要是搁到前朝，简直不可想象。想当年刘彻的祖父文帝初政之时，每逢散朝，都得恭恭敬敬地礼送丞相周勃离开。而七国之乱后，刘彻的父亲景帝召集朝议，面对两位战胜功臣丞相周亚夫和大将军窦婴，朝廷百官竟无人敢与之抗礼。和周勃等人的身份贵重相比，卫青这个大将军似乎让人"作践"得厉害。君臣礼仪的变化折射出的是双方权力、地位的升降关系。在武帝跟前拿不起架子，说明卫青这个百僚之首相比于周勃等前辈是弱势的。换句话说，他根本就算不得权臣。因此，武帝要栽培霍去病来制衡他，卫青也没有足够的反击能力。可是头顶着节制诸将、三子封侯的光环，一人之下的卫青距离权臣究竟又缺少了什么呢？以从前的历史经验来看，大概就缺以下两块重要的权力基石。

　　首先，和卫青不同的是，周勃、周亚夫和窦婴虽然也是军人出身，但他们无一例外都做过外朝领袖，也就是担任过丞相的职务。在中朝、外朝制度正式形成之前，只有身为外朝领袖的丞相才能与天子抗衡。关于这一点，我们可以从下面这个细节得到佐证：

> 《礼》，司徒（即丞相改名）府中有百官朝会殿，天子与丞相决大事，是外朝之存者。
>
> ——《后汉书·百官志一》注引干宝曰

　　这段话的意思是说，在汉朝，不仅皇帝居住的未央宫里有百官朝会殿，丞相府内也设有类似的场所。甚至皇帝要和丞相商议国家大事，还得屈尊枉驾，亲临相府。这意味着丞相统率外朝百官的权力在某种意义上说是独立于皇权之外的。这个职务的天然属性已经赋予了它巨大的政治能量，而周勃、周亚夫和窦婴等人的特殊身份更使它如虎添翼——周勃等人都是军功起家，尔后以军人政治家的身份入主政府。所谓出将入相，影响力横跨军、政两界。面对这样的大臣，虽是当朝天子，也不能不有三分敬、七分畏。相权与君权本来就是中国古代政治体制中的一对天敌，为了杜绝权相再度出现，避免重蹈父亲和祖父的故辙，汉武帝刘彻可算是费尽了心机。清儒钱大昕说：

> 中外朝之分，汉初盖未之有，武帝始以严助、主父偃辈入直承明（殿名），与议参谋，而其秩尚卑。卫青、霍去病虽贵幸，不干丞相、御史职事。
>
> ——《三史拾遗》

要防范丞相对皇帝造成压迫，根本的解决途径只能是设法拆分丞相的权力。为此，汉武帝的对策是，在外朝和丞相之外另设中朝，中朝的领袖如大将军卫青和大司马霍去病专一负责对匈作战的相关事宜，而政府的日常事务则交由丞相和御史大夫来打理。这样一来，卫青和霍去病虽有统军之权，但所有的大型军事行动都需要强有力的财政支持，立功将领也得给予丰厚的赏赐，而主管财政支出的又是丞相领导下的大司农。没有外朝来的钱粮，单凭中朝的两位大臣控制不了军队。反过来说，既然军权已被中朝的大将军和大司马统管，外朝丞相就不能再涉足军政事务，而必须退化为一个纯文官的角色。秀才造反，三年不成，书生宰相又哪有能力跟皇帝叫板呢？

汉武帝欲使中、外两朝相互牵制的意图是十分明显的。就在卫青官拜大将军的当年，武帝同时任命了一位新的丞相：公孙弘。要知道，公孙弘从来就是个坚定的反战派，此前屡次反对武帝发动对匈战争的决策，让他领导外朝，势必对大将军卫青形成掣肘。而卫青与公孙弘相互制衡，武帝的权威自然就稳固了。于是乎我们看到，这两位重臣到了武帝跟前都显得卑躬屈膝，摆不起周勃那样的谱来：

> 大将军青侍中，上踞厕而视之。丞相弘燕见，上或时不冠。
>
> ——《史记·汲郑列传》

武帝不但踞厕接见卫青，若非正式会晤，丞相公孙弘来了，他也懒得戴礼帽。刘彻终于不用再像他的祖父和父亲那样，见到丞相就战战兢兢，如履薄冰了。

其次，大将军卫青生存在皇权和相权的夹缝中，腹背受敌，还不是他弱势的唯一原因。如果一个大臣的权力、地位单纯来自皇帝的授予，那他无论如何是成不了权臣的，因为皇帝能一句话给你的，也就能一句话收回去。大将军也好，三子封侯也罢，看起来虽然光鲜亮丽，实际上都不足以构成权臣的权力基础。我们不妨将卫青与前朝权臣、大将军窦婴做一比较。窦婴是在七国之乱爆发之初被任命为大将军的。司马迁说：

> （汉景帝）乃拜婴为大将军，赐金千斤。婴乃言袁盎、栾布诸名将贤士在家者进之。所赐金，陈之廊庑下，军吏过，辄令财取为用，金无入家者。窦婴守荥阳，监齐赵兵。七国兵已尽破，封婴为魏其侯。诸游士宾客争归魏其侯。
>
> ——《史记·魏其武安侯列传》

皇帝之所以能九五称尊，是因为手握赏、罚二柄，官员的升迁黜退都得由他一张嘴说了算。可要是这升迁黜退不由皇帝而由大臣操控呢？这就是大将军窦婴建立权威的奥秘。七国之乱前汉景帝一味重用晁错等文官，推进政府的文治更化，导致包括窦婴在内的大批军人政治家被冷落。晁错削藩引爆了七国之乱，皇帝情急之下不得不敦请赋闲的将军们出山救急。趁火打劫的机会送到窦婴跟前，他当然不会客气。窦婴不但与景帝讨价还价，谋到了大将军的职位，而且迫使皇帝任命了一批由他推荐的赋闲将领。这些人后来立功受赏，纷纷把恩德算到窦婴而非景帝的头上。于是乎战争结束，一个以窦婴为核心的军功集团便迅速形成，许多游士宾客也随之慕名投效。窦婴的势力像滚雪球一样越滚越大，他也就渐渐地有了战国四公子那样养客三千、代君行权的架势。虽然在平叛的三个月里窦婴这个大将军连前线都没去过，但在战后他却能够与平叛的首席功臣周亚夫分庭抗礼，靠的就是这套养客蓄士的游侠手腕。

苏建对卫青说,您现在虽然地位尊贵,可是"天下之贤大夫毋称焉",意思不是说卫青的口碑不好,而是卫青没有一个像窦婴那样的门客集团为他揄扬声誉。所以苏建建议卫青效仿"古之名将"(当然可能就包括窦婴在内)养客自重,但卫青拒绝了苏建的建议。他解释说:

> "自魏其、武安之厚宾客,天子常切齿。彼亲附士大夫,招贤绌不肖者,人主之柄也。人臣奉法遵职而已,何与招士!"

——《史记·卫将军骠骑列传》

卫青明明白白地告诉苏建,当今皇帝对窦婴当年养客自重、结党营私的游侠行径恨得牙根儿痒痒。普天之下,莫非王土;率土之滨,莫非王臣。有哪个臣子胆敢私树恩德,窃取天子的养士之权,那无异于自寻死路。这已经明白宣示了汉武帝坚决反对公卿养士的态度。可问题是这套豢养宾客的传统源远流长,溯自战国,不是靠哪个皇帝的一纸行政禁令,说杜绝就能杜绝得了的。武帝又能用什么方法来限制大臣养客呢?

这个问题深究下去是有一点复杂的,但要提纲挈领地解决问题,关键在这儿:无论文臣武将,只要养客,无一例外都必须有雄厚的财力作基础。因为宾客舍人是大臣的私属幕僚而不是国家编制内的公务人员,政府财政是不会给他们关饷的,得靠大臣们自掏腰包。历史上凡是养客规模十分庞大的政治家，如战国时代的孟尝君田文、文信侯吕不韦，西汉一朝的吴王刘濞、淮南王刘安，魏其侯窦婴和武安侯田蚡，无一不是财雄一方、富可敌国的人物。大臣们的经济收入除了朝廷俸禄之外，就是封邑的租税，而封邑的大小在很大程度上决定着收入的多少，也是影响和限制养士规模的重要条件。《史记·平津侯主父列传》载：

（公孙弘）食一肉脱粟之饭。故人所善宾客，仰衣食，弘奉禄皆以给之，家无所余。

公孙弘拜相之后，也养了一批宾客作为公务参谋，可是为此，他自己闹得节衣缩食，家财罄尽，可见养客给他造成了不小的经济负担。之所以手头这么拮据，是因为拜相之时，汉武帝封给他这个平津侯的只有区区六百五十户。就靠封邑这点儿可怜巴巴的进项，自然撑不起一个庞大的门客集团。如果非要硬撑，那就只能铤而走险，使用一些非法的财务手段了。例如汉武帝最宠幸的智囊主父偃，他的官爵最高不过做到二千石的诸侯相，门下宾客却比公孙弘多得多，达到千人之巨。他养客的钱有相当部分都是收受朝臣"孝敬"的政治黑金，而这也成了他日后满门抄斩的主要罪状之一。

公孙弘做宰相的时候，因为历史的惯性使然，虽然收入大幅缩水，但毕竟还强撑着门面，养了一批规模不大的宾客。等到后任来时，就连这点门面也支撑不住了：

> 其后李蔡、严青翟、赵周、石庆、公孙贺、刘屈氂继踵为丞相。自蔡至庆，丞相府客馆丘虚而已，至贺、屈氂时坏以为马厩车库奴婢室矣。
>
> ——《汉书·公孙弘传》

高级文官的养客之风因为封邑的缩小、收入的缩水而渐趋消歇，但这时将军幕府中养客蓄士的情况倒还常见。其实这倒不难理解：汉武帝之所以对文官的封赏这么吝啬，是因为国家长年进行扩张战争，朝廷的恩赏必须向军功阶层倾斜。拿卫青来说，公元前127年他统军收服河南地，武帝两次颁布诏旨，恩赏他一共六千八百户，仅此一次便当公孙弘十倍有余。三年之后击溃匈奴右贤王，武帝又赏赐卫青六千户，而这还不包括他三子封侯所受的封邑在内。相比于公孙弘的拮据，卫青的钱袋子要宽绰得多。这也是苏建建议他养士的原因——毕竟手里有钱呀。卫青说养士是天子的权力，臣子不敢染指，可他虽是这样说，府里却也养了一百多号舍人，这又怎么解释呢？或许下面这个故事能够告诉我们答案：

> 其后有诏募择卫将军舍人以为郎，将军取舍人中富给者，令具鞍马绛衣玉具剑，欲入奏之。会贤大夫少府赵禹来过卫将军，将军呼所举舍人以示赵禹。赵禹以次问之，十余人无一人习事有智略者。赵禹曰："吾闻之，将门之下必有将类。传曰'不知其君视其所使，不知其子视其所友'。今有诏举将军舍人者，欲以观将军而能得贤者文武之士也。今

> 徒取富人子上之,又无智略,如木偶人衣之绮绣耳,将柰(奈)之何?"于是赵禹悉召卫将军舍人百余人,以次问之,得田仁、任安,曰:"独此两人可耳,余无可用者。"
>
> ——《史记·田叔列传》

自战国以来,大臣向皇帝和朝廷推荐自己的私吏做官是一个行之已久的惯例。比如秦朝丞相李斯,早年就曾做过文信侯吕不韦的舍人,是经过吕不韦的推荐才转入秦宫为郎的。然而,对大将军卫青手下的这一百多号舍人,汉武帝不是等他推荐,而是主动下诏遴选贤者,这同吕不韦推荐李斯为官的意义可就大不一样了:吕不韦推荐李斯为郎,是权臣把自己的眼线安插到君王的身边;而汉武帝下诏遴选大将军府的舍人,却是逐渐把卫青的私属幕僚公职化,加强对他的控制。说到底,大将军府招揽宾客不过是武帝新设的一条抡才取士的渠道,而不是卫青培植私人党羽的手段。《史记》中记载的这个故事足以证明这一点:

> 孝武元朔①元年中,(主父偃)以为诸侯莫足游者,乃西入关见卫将军。卫将军数言上,上不召。资用乏,留久,诸公宾客多厌之,乃上书阙下。朝奏,暮召入见。
>
> ——《史记·平津侯主父列传》

司马迁说,齐人主父偃少学纵横之术,以苏秦、张仪为法,

---

① 原文作"元光",据梁玉绳《史记志疑》改。

可是遍历齐、燕、赵、中山等东方藩国却屡屡碰壁，气愤之余，他决心西入京师。司马迁说，主父偃这趟西游是抱着"诸侯莫足游"的态度来的——如果连那些刘姓藩王的属臣都不屑于屈就，主父偃又怎么可能甘心投入卫青门下做个宾客呢？要知道元朔元年卫青才不过是太中大夫、车骑将军而已，秩禄尚不及九卿。自负才高又怀抱着极强功利心的主父偃之所以主动投入卫青门下，还不是因为这里是上达天听的捷径嘛。卫青几次三番在汉武帝面前推荐主父偃，也证明他的养士其实是替武帝揽才——将军府里的宾客名义上是他卫青的私吏，薪水由他卫青来掏，但实际上武帝随时有权选拔征用，卫青拢不住这些人。相比于前呼后拥、宾客盈门的窦婴，卫青始终没有建立起一个效忠于他本人的私家班底，他又凭什么去和武帝比权量力呢？

拾叁

公元前123年，卫青统率六大将军、十万之众北出定襄，攻击匈奴单于本部，虽也斩获了数千首级，但前将军赵信和右将军苏建的全军覆没毕竟让卫青遭遇了从军以来最惨重的战场损失，以至于战后朝廷破天荒地没有给予卫青任何形式的封赏。在武帝朝前期征伐匈奴的历次战役之中，这一仗单从战场收获来说的确算不得一场酣畅淋漓的胜仗。

但是，汉军的两支偏师也没有在战场上白白牺牲，它为汉匈两国的总体战略态势带来的积极改变仍然让大汉王朝受益匪浅。折戟沙场的前将军赵信本来就是胡人，战事一到危急之际，便经不住匈奴人的引诱变节投敌，并以自己长期服役于汉军的经验为匈奴单于拟定了新的作战方略：

> 单于既得翕侯（赵信），以为自次王，用其姊妻之，与谋汉。信教单于益北绝幕，以诱罢汉兵，徼极而取之，无近塞。单于从其计。
>
> ——《史记·匈奴列传》

单于王庭距离汉朝边境本来就有好几百里，慑于汉军远程作战能力的急速增长，伊稚斜单于在赵信的建议下继续向北迁徙，试图脱离汉军骑兵的攻击范围，使得单于王庭与汉朝边境的距离拉大到了千里以上。虽然这为汉军后续的对匈作战行动带来了巨大的困难，但从积极的一面来看，这也为汉朝的边境防御创造了超过五百公里的缓冲区。想当年秦将蒙恬北逐匈奴之时，头曼单于也是慑于秦军的强大武力而被迫北去的。如今，卫青以两支偏师为代价，重现了蒙恬创造过的历史。

蒙恬对匈奴大张挞伐，事在秦始皇三十二年（公元前215年）。而自头曼单于避其锋芒，远徙北遁，此后整整五年的时间——直至蒙恬被秦二世赐死，秦军再也没有对匈奴展开过大规模的攻势，史籍中也不见匈奴南下寇边的记载。换句话说，秦、匈两国、两军在那段时间基本脱离了接触。这正是秦始皇所乐见的：只要将匈奴逐往远离边塞的漠北，中原王朝的国防安全就有了保障，对匈奴的进攻性作战行动因此可以告一段落，国家和军队都可以获得喘息，转入边境防御的新阶段了。

所谓知古而鉴今，历史提供的经验对后来人当然是重要的。可假设汉武帝刘彻胶柱鼓瑟，把公元前215年以后秦始皇的对匈方略套用到公元前123年的西汉王朝身上，恐怕不久他就会感觉到方枘圆凿的痛苦。因为此时和他对弈的伊稚斜单于所统治的是一个与当年的头曼单于治下大不相同的国家。头曼单于的匈奴充其量只是北方草原上较有实力的游牧政权之一，而伊稚斜单于领导的匈奴帝国则远远突破了那样一个区域型国家的定位，它是西域诸邦效忠的强权和宗主：

> 西域诸国大率土著，有城郭田畜，与匈奴、乌孙异俗，故皆役属匈奴。匈奴西边日逐王置僮仆都尉，使领西域，常居焉耆、危须、尉黎间，赋税诸国，取富给焉。
>
> ——《汉书·西域传》

公元前123年的匈奴不仅在名义上赢得了西域诸国的臣服，而且设置僮仆都尉对西域实施了有效的行政管辖。西域的大小国家都要向匈奴帝国纳税进贡，这里是匈奴单于取之不竭的金库。如果汉武帝不能设法瓦解匈奴在西域的统治，那么，即便卫青已经迫使伊稚斜单于远遁漠北，在获得西域源源不断的金元输血过后，休养生息的匈奴也一定会像舔舐净了伤口的饿狼一样，在不久的将来再兴盗谋，卷土重来。

另一个让西汉王朝无法偃武释兵的紧迫现实是：只要匈奴帝国的国运还没有被推入不可逆转的衰退进程，鉴于两国、两军的紧张对峙，西汉王朝就不得不在沿边郡县布置大量的戍守兵力。四年前，仅仅因为新建一个朔方郡，汉武帝便调集了十余万筑卫士卒。他们的衣食住行全部仰赖于内地的转漕运输，花费不啻百万，国库为之一空，甚至连远在中原腹地的山东都因此受累，民生骚动。要想尽快结束战争，奠定对匈作战的胜势，武帝必须有所作为。此刻伊稚斜单于正蛰伏在遥远的漠北，要想组织一次对单于王庭空前绝后的大规模远征，备战周期将会很长，而战争的结果则难以逆料。与其孤注一掷，去做这样胜负难测的豪赌，不如趁单于鞭长莫及之机，向西进军，打通河西走廊，进而把西域这个匈奴的金库变为汉朝的新土。

这是一项极具挑战性的工作。打通河西走廊意味着这支西征军将要史无前例地在距离大后方一两千里之遥的战场上作战，危险之大不言而喻。可是一旦成功，挂帅出征的那个人也必将在汉朝军事史乃至中国古代军事史上留下自己如雷贯耳的名字。照常理来说，这样艰巨的使命，卫青该是不二之选。可汉武帝偏偏没有点他的将，而是把机遇和挑战留给了年轻的霍去病。这不但是对霍去病的考验，更是对武帝本人的考验：要知道，此时的冠军侯才不过二十岁，在他单薄的履历簿上仅有寥寥两次追随卫青出征匈奴的记载而已。

对霍去病两征河西的经过，司马迁在《史记·匈奴列传》中写道：

> 其明年（公元前121年）春，汉使骠骑将军去病将万骑出陇西，过焉支山千余里，击匈奴，得胡首虏万八千余级，破得休屠王祭天金人。其夏，骠骑将军复与合骑侯数万骑出陇西、北地二千里，击匈奴。过居延，攻祁连山，得胡首虏三万余人，禅小王以下七十余人。

这两场奇迹般的胜利让匈奴人遍野哀鸣：

> 失我焉支山，令我妇女无颜色。
> 失我祁连山，使我六畜不蕃息。
>
> ——《匈奴歌》

在西汉强大的军事压力下，匈奴政权终于现出了冰裂的痕迹。就在霍去病扫荡祁连山的当年秋天，被败报激怒的伊稚斜单于向镇守河西走廊的浑邪王和休屠王发出了召唤，试图将他们诱至王庭并处以极刑。害怕遭到惩罚的浑邪王与休屠王等紧急密谋，决定向汉廷投诚。与元朔三年（公元前126年）军臣单于太子於单因为伊稚斜单于篡位而孤身来投不同，这一回浑邪王不但自己来了，而且带来了数万部众，这几乎掏空了匈奴在河西的军事存在。司马迁说：

> 浑邪王率其民降汉，而金城、河西西并南山至盐泽空无匈奴。匈奴时有候者到，而希矣。

——《史记·大宛列传》

河西走廊的廓清大大缓解了汉朝西北的边防压力。霍去病振旅旋师之际，汉武帝下诏裁撤陇西、北地和上郡一半的戍卒，并开始着手向新秦中移民，逐步将新立的朔方郡建成富庶的农业生产基地以支持对匈战争的继续进行。可以说，正是霍去病的西征胜利为匈奴敲响了没落的丧钟，这个草原帝国就此永远地失去了再度辉煌的可能。

拾肆

在汉匈战争的百年历史上，公元前119年是一个特别醒目的年份。就是在这一年，汉廷遴选十万匹战马编成了两支最精锐的骑兵军团，而在他们身后，更有十四万匹由民间募集来的私马和数十万步兵汇集起来的庞大队伍负责转运补给。大汉王朝与匈奴帝国之间最惨烈的大厮杀——漠北之战就要打响了。

大将军卫青和骠骑将军霍去病将各自率领五万骑兵自定襄、代郡分道进击，对远在千里之外的匈奴单于本部和左贤王部进行一次犁庭扫穴式的征服行动。原本，汉武帝将战斗力最强的精锐士卒统统配属给了霍去病,希望他能正面对决伊稚斜单于的本部主力,可是情报的失准却阴差阳错地将卫青引到了伊稚斜单于的正当面。

《史记》载,决战打响的那天,漠北狂风骤起,黄沙蔽日。在晦暗不明的战场上,汉、匈两军从白天一直厮杀到黄昏还没能决出胜负。直到卫青指挥汉军左、右两翼对伊稚斜单于进行迂回包抄,害怕遭到合围的伊稚斜单于才不得已率数百亲兵溃围而走,留下了身后近两万具匈奴战士的尸体。卫青一路追击,直至占领寘颜山赵信城。在那里,汉军缴获了单于囤积的大量粮草。卫青命令麾下战士饱食一日,将吃不完、带不走的粮秣统统付之一炬,然后旋师振旅,穿越千里,返回汉境。

而在另外一边,出塞两千余里,与左贤王接战的霍去病战果更加丰硕:斩首七万级,几乎摧毁了匈奴的左方军事力量。为了宣示大汉王朝的国威与军威,霍去病还特意封狼居胥、禅姑衍,以最隆重的封禅典礼来纪念此次辉煌的胜利。

两线作战均有捷报,有意思的是,汉武帝颁布的嘉奖令上却只有对骠骑将军霍去病及其麾下将领的封赏。至于卫青和他的部属,司马迁说:

> 大将军不得益封,军吏卒皆无封侯者。
>
> ——《史记·卫将军骠骑列传》

自大将军卫青以下,五万将士,没有一人获得重赏。更别提前将军李广和右将军赵食其分兵独进，因为缺乏熟悉地形的向导而延误了与卫青主力的会兵之期，导致李广愤而自杀，赵食其被免为庶民。司马迁在《史记·李将军列传》中写道：

> （李广）引兵与右将军食其合军出东道。军亡导，或失道，后大将军。大将军与单于接战，单于遁走，弗能得而还。南绝幕（漠），遇前将军、右将军。

"单于遁走，弗能得而还"——太史公的话带出淡淡的遗憾：似乎是李广和赵食其的延误才导致了伊稚斜单于的逃逸，最终连累全军都没能获得应有的荣誉。擒贼先擒王，作为参战将士，以活捉或者击毙敌方统帅为首要目标自是无可厚非。但是身为国家的最高战略决策者，汉武帝掘尽了汉朝的战争潜力，孤注一掷地发动漠北之战，难道就是为了伊稚斜单于的一颗人头吗？漠北之战的目的究竟是什么呢？不幸司马迁在《史记·匈奴列传》和《卫将军骠骑列传》中没有做出哪怕一个字的分析。我们不妨用战役的结果来进行反推。对于此次战役的结果，《中国军事通史·西汉军事史》分析道：

> 由于大批有生力量被歼，大批物资丧失，匈奴单于不敢再在大漠北缘立足而向西北方远遁，因而出现了"幕南无王廷"的局面。如果说漠南之战后匈奴单于移王廷于漠北还可以看作是一种战略转移的话，那么，漠北之战后的"幕南无王廷"则标志着匈奴势力大范围的退缩。经过这次大决战，

危害汉朝百余年的匈奴边患已基本得到了解决。从这个意义上说，漠北之战实是汉武帝反击匈奴战争的最高峰。

可以肯定地说，漠北之战有效地解除了困扰西汉近一个世纪的匈奴边患。自高祖刘邦以来，六辈元首孜孜以求的熄烽灭燧、北疆安宁的局面终于到来了。而这当中，卫青和他麾下的五万将士无疑做出了重要的贡献。伊稚斜单于仅带数百亲兵趁乱逃跑，甚至一度与外界失去联系，令部下误以为他已经阵亡，这证明卫青在没有得到李广、赵食其两军支援的情况下，仍然成功击溃了单于本部的主力——当然，是否最大限度地杀伤了敌军的有生力量，则还有可议之处。而他进兵占领赵信城，烧夷匈奴的粮草辎重，又在一段时间内有效地破坏了匈奴的战争潜力。除了伊稚斜单于的那颗人头，卫青一军在战场上的表现几乎无可指摘。将帅可圈可点，边患又已解除，但是汉武帝却以拒绝封赏全军的严厉方式表达了对卫青的不满，他究竟还想通过这一仗得到什么呢？

要回答这个问题，其实也不困难。因为漠北之战后，惨遭重创的伊稚斜单于在降将赵信的建议下派人到汉廷温言款语地谈和来了：

> 匈奴用赵信之计，遣使于汉，好辞请和亲。天子下其议，或言和亲，或言遂臣之。丞相长史任敞曰："匈奴新破，困，宜可使为外臣，朝请于边。"汉使任敞于单于。单于闻敞计，大怒，留之不遣。

——《史记·匈奴列传》

匈奴遣使抵汉之后，汉武帝派使者任敞回访，向伊稚斜单于带去了自己的和谈要求：匈奴须比照南越王尉佗和朝鲜王满的旧例，承认汉朝的宗主国地位，对汉廷称臣纳贡，委身为外藩。不是将匈奴人远远地赶走便了事，而是要让他们心甘情愿地臣服于汉朝，这才是汉武帝希望通过漠北之战达到的终极目标。但是很明显，汉使任敞当着伊稚斜单于的面"宣谕"了汉武帝的和谈条件后，伊稚斜单于非但不能接受，甚至还将称藩纳贡的要求视为对自己和匈奴帝国的无礼冒犯，并以扣留汉使的方式表达了他最强烈的不满。

伊稚斜单于的严词拒绝并没有令汉武帝死心。公元前110年，武帝巡狩朔方，演武耀威，并再次派遣使者郭吉重提旧话，要求匈奴臣服称藩。有集结在汉朝边境上的十八万铁骑作后盾，郭吉用盛气凌人的口吻向伊稚斜单于的继承人乌维单于"宣谕"说：

"眼下南越王的人头已经悬在我大汉皇宫的北阙之上了。皇帝挟平越之威，御驾亲征，正在边境上候着您呢。您要是真有血性，有能耐，不妨大家真刀真枪地分个胜负。要是不敢与我大汉一战，则不如干脆南面称藩。别总跟个亡虏似的，猫在这塞北苦寒之地逃死苟活，有意思吗？"

如同当年的伊稚斜单于那样，乌维单于听罢这席话也是怒不可遏。他下令将那个疏于审查，误把郭吉领到单于大帐来疯言疯语、冒犯君父的匈奴外交人员处决,并将郭吉流放到了北海之上。七八年过去了,当初汉武帝没能在伊稚斜单于身上实现的愿望,延宕到其子乌维单于之时,照样没能如愿。这不禁令人遐想:匈奴迟迟不愿臣服,是否都该归咎于卫青在漠北之战中未能擒获敌酋?假设当初卫青在战场上俘虏或者击毙了伊稚斜单于,匈奴方面对称藩纳贡的态度会不会有所软化呢?很遗憾,我个人坚持认为那更有可能是一种不切实际的幻想而已。因为就在伊稚斜单于逃离漠北战场,与部下失联的那段时间里,匈奴人其实已经为战争的最坏结果——单于阵亡做好了善后准备:

> 单于之遁走,其兵往往与汉兵相乱而随单于。单于久不与其大众相得,其右谷蠡王以为单于死,乃自立为单于。真单于复得其众,而右谷蠡王乃去其单于号,复为右谷蠡王。
>
> ——《史记·匈奴列传》

伊稚斜单于一旦被俘或被击毙,右谷蠡王马上就会接掌匈奴的最高权力,国家不会因为单于一人之故而出现权力真空。一旦新单于继位,匈奴最有可能的选择不是投降汉朝,而是像1449年土木堡之变时的明朝那样继续与敌国周旋对抗。纵使汉武帝抓住了伊稚斜单于这张王牌,他也很难利用这张王牌驯服全体匈奴人。所以卫青误走单于这个小小事件根本不足以改变汉匈两国的基本战略态势。设使卫青在战场上击毙了伊稚斜单于,情况甚至还会变得更糟糕——倔强的匈奴人很可能因为单于的血仇而对汉朝发动更加疯狂的报复。尽管"虏南越之君,系单于之颈"(《梁书·江淹传》)后来成了文人墨客形容雄心壮志的口头禅,但南越和匈奴在历史上的真实地位其实不可相提并论。南越的开国之君尉佗本来就是出身中原汉族的秦朝故吏,他能仰仗大汉天子的余泽,做一个偏安的外藩之主已经是大喜过望了。但匈奴却不同。自冒顿单于在位之时,这个崛起于北方的草原政权就开始东征西讨,逐步奠定了自己作为北方第一强国的地位。破东胡,走月氏,奄有大漠南北,进而绥服整个西域,匈奴在这个从胜利走向胜利的征服过程中养成了浓烈而顽强的大国情结,绝不可能因为一次战争的失败便被轻易粉碎。这也是伊稚斜单于和乌维单于父子一再拒绝向汉朝称藩纳贡的根本原因。

人类历史发展的规律就是这样,国民心态的调整往往滞后于国力的升降变化。就算匈奴帝国已经江河日下,匈奴人的架子却还要拼命端着,不肯轻易放低姿态。公元前108年,汉朝已向东征服了秽貊与朝鲜,又在西方新设酒泉郡以隔绝匈奴同西羌的联络。西域诸国中,月氏、大夏先后接受了汉朝的遣使通好,而乌孙的步子则迈得更大——乌孙王已经迎娶大汉公主,与汉朝建立起和亲之谊了!眼看自己曾经的盟友一个接一个地被汉朝分化,自己从前在西域主导的一整套秩序在汉朝政治攻势的冲击下支离破碎,虚弱的匈奴帝国心有不甘,却又无力反制。但即便已经被压迫到了这个地步,面对汉武帝第三次提出的称藩要求,乌维单

于仍然干脆地表示了拒绝:

> 是岁,翕侯(赵)信死,汉用事者以匈奴为已弱,可臣从也。杨信为人刚直屈强,素非贵臣,单于不亲。单于欲召入,不肯去节,单于乃坐穹庐外见杨信。杨信既见单于,说曰:"即欲和亲,以单于太子为质于汉。"单于曰:"非故约。故约,汉常遣翁主(公主),给缯絮食物有品,以和亲,而匈奴亦不扰边。今乃欲反古,令吾太子为质,无几矣。"
>
> ——《史记·匈奴列传》

"从来只有大汉公主带着丰厚的陪嫁远适匈奴,哪有匈奴太子入汉朝为质的道理?!"乌维单于这番掷地有声的话正好为漠北之战中的卫青正名:不是卫青放跑单于的战场疏漏累得汉武帝绥服匈奴的宏图远略迟迟不能实现,而是迫降匈奴这个战略目标的设定本来就不切实际。秦始皇是那样的好大喜功,但即便是他也不曾奢望过臣服匈奴,只是命令蒙恬将匈奴人逐往漠北,然后扎紧自家的篱笆,防止这帮流寇卷土重来也就算了。可汉武帝明明已经通过漠北之战达成了这个目的,却仍不愿就此罢手,让已经被汉匈战争拖得精疲力竭的国家和人民获得喘息之机。汉武帝的野心比秦始皇更大,幻想比秦始皇更多。国家和军队的责任首在保境安民,可汉武帝却对柔远能迩、万方来朝念兹在兹。他固执地想要建立一个庞大的藩属朝贡体系,并让匈奴委身为外藩,和曾经的南越、朝鲜一样成为这个体系中的一环。

为了把心中的这个宏愿落实到地图上，从元鼎六年（公元前111年）开始，直至征和三年（公元前90年），汉武帝又先后发动了六次针对匈奴的大型作战行动。然而事与愿违，曾经无坚不摧的汉军渐渐失去了往日的光芒，汉武帝同他心中那个海市蜃楼般的梦想也渐行渐远了。

拾伍

公元前89年，汉武帝颁下《轮台诏》，正式宣布停止自元光二年（公元前133年）以来一直奉行不移的武力绥服匈奴政策，大汉王朝将转入偃武右文、休养生息的新阶段了。耗费了整整四十四年的光阴，武帝苦心经营的汉匈战争遗憾地以这样虎头蛇尾的方式画上了句号。

汉匈战争在武帝一朝的黯然谢幕绝非偶然。实际上，早在《轮台诏》颁布的三十七年前，下面这桩事件的发生就已经为汉匈战争的结局埋下了草蛇灰线的伏笔：

> 元朔三年（公元前126年），张欧免，以（公孙）弘为御史大夫。是时通西南夷，东置沧海，北筑朔方之郡。弘数谏，以为罢敝中国以奉无用之地，原（愿）罢之。于是天子乃使朱买臣等难弘置朔方之便。发十策，弘不得一。弘乃谢曰："山东鄙人，不知其便若是，原（愿）罢西南夷、沧海

而专奉朔方。"上乃许之。

——《史记·平津侯主父列传》

公元前 127 年,车骑将军卫青率军收复河南地,汉武帝随即宣布要在新占领区设立朔方郡以拱卫边防。为此,他下旨征集十万筑卫士卒前往西北服役,激起中原腹地民怨汹汹,而朝中大臣对此也多有非议。其中,最激烈的反对之声来自御史大夫公孙弘。

公孙弘在外交事务尤其是对匈政策上与汉武帝意见相左,这是满朝文武尽人皆知的事。早在公元前 140 年初登大宝的时候,武帝派刚入仕途的公孙弘出使匈奴,两个"新人"便闹出了许多的不愉快。公孙弘甚至被愤怒的武帝斥为"不能",被迫告病还乡。但十年前的教训并没有磨平这个七旬老朽的棱角,到公元前 130 年,公孙弘又因为开通西南夷道的问题和武帝爆发了新一轮的争论:

> 当是时,巴蜀四郡通西南夷道,戍转相馕。数岁,道不通,士罢饿离湿死者甚众;西南夷又数反,发兵兴击,秏(耗)费无功。上患之,使公孙弘往视问焉。还对,言其不便。

——《史记·西南夷列传》

这一趟以钦差的身份前往蜀地,调查开通西南夷道的真实情况,对公孙弘来说就像是十年前出使匈奴的场景重现。但相比于上回,这一次公孙弘说服武帝的可能性或许要大一点了,因为武帝派公孙弘前往调查，正说明他对五年来开通西南夷道的进度不那么满意。

五年前，出使南越的番阳令唐蒙在回朝复命的时候第一次向汉武帝提出了开通西南夷道的设想。唐蒙很清楚，对外藩南越，武帝是一心想要取消它的独立性，将南越全境纳入汉朝版图直辖的。但要迫使南越王就范，放弃割据称王的念想，不给他上点强有力的军事手段肯定不能奏效。要威服南越，就必须翻过横亘在越北的五岭，克服地理上的障碍。假设从毗邻南越的长沙、豫章两郡出兵，由于进入南越的水道通航条件不好，难保必胜。在出使南越的过程中，唐蒙从越人口中探听到，沿越都番禺城外的牂牁江向西北去可以直通蜀地，而且江广数里，通航无碍。唐蒙因而萌发了自蜀郡沿牂牁江浮舟而下，偷袭南越的计划。只是兵出蜀郡，剑指番禺，汉军必须穿越位于今贵州关岭的夜郎国境，故而开通夜郎道就成了唐蒙全盘计划中的第一步。

为了说服汉武帝接受开通夜郎道的方案，唐蒙极力渲染绥服夜郎的高度可能性，并且特别强调，夜郎有精兵十万，可以成为汉军南征的臂助。这个方案得到武帝的批准后，蜀人司马相如又继踵而至，推波助澜，更向武帝提出收服西夷邛、筰并设立郡县的建议，也同样获得了武帝的首肯。

然而，当开通西南夷道的计划真正执行起来以后，武帝和朝中公卿渐渐有了不祥的感觉：或许这个计划的前景远不如唐蒙和司马相如描述的那样美妙。不但巴蜀四郡疲于转输，大批劳工因为疲劳、饥饿和瘴疠倒毙在筚路蓝缕的途中，而且唐蒙、司马相如的描绘里那温顺而驯服的西南夷还屡屡爆发叛乱，王师进剿又劳而无功。直到开通西南夷道的计划执行五年之后，那条理论上可以直取南越的宽阔水道仍未贯通。不得已，武帝只好派公孙弘亲往调查，而公孙弘的调查报告不出意料，对唐蒙和司马相如进行了猛烈的抨击。

以汉武帝的好大喜功，他当然不会爽快承认自己的决策失误：

> （公孙弘）还奏事，盛毁西南夷无所用，上不听。
>
> ——《史记·平津侯主父列传》

这是武帝第二次否决使者公孙弘的意见了。但与上回不同的是，他没有因为公孙弘的言辞激烈而再次惩罚这位老臣。这似乎暗示着公孙弘的意见已经在某种程度上对武帝构成了影响，只是这种影响还没有强大到足以改变武帝的决策而已。

转折的契机出现在两年以后。元朔元年（公元前128年）又有三位大臣对汉武帝的对外扩张计划提出了反对意见，而这一回武帝没有轻易地否决他们。不但没有否决，武帝甚至罕见地展现出思贤若渴、从谏如流的积极姿态：

> 书奏天子，天子召见三人，谓曰："公等皆安在？何相见之晚也！"于是上乃拜主父偃、徐乐、严安为郎中。
>
> ——《史记·平津侯主父列传》

主父偃、徐乐、严安三位大臣究竟在上疏里说了什么，居然能让武帝生出相见恨晚之感呢？

严安在奏疏中写道：

> "今欲招南夷，朝夜郎，降羌僰，略濊州，建城邑，深入匈奴，燔其茏城，议者美之。此人臣之利也，非天下之长策也。"

——《史记·平津侯主父列传》

"开通西南夷道也好，北征匈奴也罢，从这些征服计划中捞到好处的都是朝中的某些大臣，但它们并不符合皇帝陛下乃至整个大汉王朝的根本利益，因为这些计划无益于国家的长治久安。"严安的这番话讲出的是一个触目惊心的事实，那就是西汉王朝的对外政策和征服计划往往是被出使异国的外交人员绑架和裹挟的。使者们慷国家之慨，以中原王朝琳琅满目的物产引诱周边小国在形式上假意臣属于汉，尔后回朝复命，将此渲染为西汉王朝开疆拓土的重要成果以博取裂土封侯的赏赐。因为中央政府获取域外信息的渠道相当有限，除了使者们充斥着渲染和夸张的描述之外几乎别无他途，所以汉武帝批准的那些所谓征服计划往往就是基于使者夸大不实的描述而做出的，根本不具备现实层面的可操作性。关于这一点，班固在《汉书·张骞传》中曾经一针见血地指出：

> 自骞开外国道以尊贵，其吏士争上书言外国奇怪利害，

求使。天子为其绝远，非人所乐，听其言，予节，慕吏民无问所从来，为具备人众遣之，以广其道。来还不能无侵盗币物，及使失指，天子为其习之，辄覆按致重罪，以激怒令赎，复求使。使端无穷，而轻犯法。

西汉外交界对张骞的集体仰慕，跟战国时代的策士们眼红苏秦、张仪有得一比，人人都把博望侯奉为自己飞黄腾达的榜样。出使异国的使节中充斥着幻想升官发财的恶劣分子，而汉武帝又利用手中的赏罚二柄像驱赶牲口一样地役使这些冒险家们为西汉王朝谋取海外利益，长此以往，西汉外交想不荒腔走板都难。许多原本可以避免的外交和军事冲突每每因为使者的举措失当，毫无征兆地突然爆发，比如西汉王朝和外藩朝鲜之间的全面战争就是如此：

元封二年，汉使涉何谯谕右渠（朝鲜王），终不肯奉诏。何去至界上，临浿水，使御刺杀送何者朝鲜裨王长，即渡，驰入塞，遂归报天子曰"杀朝鲜将"。上为其名美，即不诘，拜何为辽东东部都尉。朝鲜怨何，发兵袭攻杀何。

——《史记·朝鲜列传》

这个名叫涉何的使者在公元前 109 年奉旨出使朝鲜。汉武帝要求朝鲜王右渠入京觐见，并且保证今后不再阻断周边小国与汉朝中央政府之间的联系通道。但是，虽经涉何反复交涉，朝鲜王右渠始终不肯接受这两项要求。害怕有辱使命会招来惩罚的涉何于是铤而走险,他在回程途中杀死了护送自己出境的朝鲜裨王,然后谎报朝廷,说自己为了彰显大汉王朝的国威,惩罚朝鲜王右渠的不臣,英勇斩杀朝鲜将领以为警告。这是典型的杀良冒功,但汉武帝却轻信了涉何的谎言,还升了他的官,结果引来朝鲜方面更加激烈的报复。

涉何演出的这丑陋的一幕只是汉朝混乱而充斥着功利心理的外交行为的一个缩影。其实不但是涉何这样不入流的使节弄权域外,就算是汉朝外交家的鼻祖张骞也不能彻底摆脱个人投机的欲念,站在客观而公正的立场上为国建策。比如他在公元前119年以后向汉武帝提出的"和亲乌孙以断匈奴右臂"的计划,其实就是为了博取自己新被削去的侯爵而仓促提出的,并没有充分论证过计划的可行性。武帝批准了张骞的计划,派给他三百人的使团,携带数以万计的牛羊和价值巨万的金帛。可砸下了血本,换来的结果呢?却是"昆莫见骞如单于礼,骞大惭"(《汉书·西域传》)——张骞的这张脸被乌孙王昆莫的傲慢扇得火辣辣地疼。

如果仅仅是使节私心作祟,谋求功名财货,那倒也罢了。更要命的是:一旦汉朝的疆域向四周拓展,为了弹压新征服地区可能的叛乱反复,势必要在边郡驻防重兵,并授予地方长官以杀伐决断的重权,长此以往,边将尾大不掉,难保不对中原腹心之地形成反噬。严安警告孝武帝说:

> "夫兵久而变起，事烦而虑生。今外郡之地或几千里，列城数十，形束壤制，旁胁诸侯，非公室之利也。上观齐晋之所以亡者，公室卑削，六卿大盛也；下观秦之所以灭者，严法刻深，欲大无穷也。今郡守之权，非特六卿之重也；地几千里，非特闾巷之资也；甲兵器械，非特棘矜之用也：以遭万世之变，则不可称讳也。"
>
> ——《史记·平津侯主父列传》

当皇帝的目光随着柔远能迩的雄心投向遥远的异域，在他的眼皮子底下却悄然生出了叛逆割据的蘖芽。后世的唐玄宗不就是这样一不小心着了安禄山的道儿吗？

拾陆

严安的话振聋发聩。不幸在他说出这番话的时候，汉武帝对外扩张的摊子已经铺得很大很大了：

> 自是之后，严助、朱买臣等招来东瓯（公元前138年），事两越（公元前135年），江淮之间萧然烦费矣。唐蒙、司马相如开路西南夷（公元前130年），凿山通道千余里，以广巴蜀，巴蜀之民罢焉。彭吴贾灭朝鲜，置沧海之郡（公元前128年），则燕、齐之间靡然发动。及王恢设谋马邑（公元前133年），匈奴绝和亲，侵扰北边，兵连而不解，天下

苦其劳,而干戈日滋。

——《史记·平准书》

向北设伏,与匈奴开衅;向东北接受秽貊内附,设置沧海郡;向东干涉东瓯、闽越、南越的争端;向西南绥服夜郎、邛、筰诸蛮邦。武帝的对外扩张四面出击,几近疯狂,完全不顾国力、军力与民力的承受极限。继之而来的当然是府库虚竭,民生凋敝。徐乐就此在上疏中警告武帝说:

"臣闻天下之患在于土崩,不在于瓦解,古今一也。何谓土崩?秦之末世是也。陈涉无千乘之尊,尺土之地,身非王公大人名族之后,无乡曲之誉,非有孔、墨、曾子之贤,陶朱、猗顿之富也,然起穷巷,奋棘矜,偏袒大呼而天下从风,此其故何也?由民困而主不恤,下怨而上不知,俗已乱而政不修,此三者陈涉之所以为资也。是之谓土崩。……间者关东五谷不登,年岁未复,民多穷困,重之以边境之事,推数循理而观之,则民且有不安其处者矣。不安故易动。易动者,土崩之势也。"

——《史记·平津侯主父列传》

徐乐忧心忡忡地写道,朝廷正在进行的对外扩张计划所费太巨,以目前的国力根本无法应对。如果强行推进,很可能像秦朝那样对国民经济造成不可逆转的伤害。一旦民生崩溃,大面积的流民叛乱就会随之爆发,整个王朝的统治基础将有土崩之虞。可是面对这么多复杂的外交冲突和双边关系，西汉王朝想要解套，该从哪里着手呢？主父偃认为，其中最无谓，也最烧钱的一项便是征伐匈奴：

> "夫上虚府库，下敝百姓，甘心于外国，非完事也。夫匈奴难得而制，非一世也。行盗侵驱，所以为业也，天性固然。上及虞夏殷周，固弗程督，禽兽畜之，不属为人。夫上不观虞夏殷周之统，而下修近世之失，此臣之所大忧，百姓之所疾苦也。"
>
> ——《史记·平津侯主父列传》

"禽兽畜之，不属为人"，虽然主父偃的这两句话不免带有中原王朝的文化优越感和对北邻的偏见，但不可否认，他说出了一个被历史一再证明的事实：匈奴的民族个性极其顽强，无论动用军事威慑还是进行文化渗透，中原王朝都很难将这个草原民族纳入自己的文化价值体系。换句话说，想让匈奴奉中原正朔，对汉廷称藩纳贡，这是一个几乎不可能达成的目标。

严安、徐乐、主父偃三位大臣的上疏指出了西汉对外扩张政策的一系列重大问题。汉武帝虽然表面上虚怀若谷，表示了赞赏，但他并没有采取任何实际的补救措施。不但如此，征伐匈奴的战争还在继续推进，直到公元前127年，终于迎来了第一个重要成果：沦于匈奴之手近百年的河南地被车骑将军卫青成功收复。收复意味着后续还得巩固占领，筑卫朔方郡的计划紧跟着便出台了。于是乎,便有了前文中提到的那一幕:公孙弘又一次站出来坚决反对武帝的计划。经过君臣双方的反复辩难,最终的结果是,武帝和公孙弘达成了这样的妥协:武帝同意放弃开通西南夷道和设立沧海郡的计划,换取公孙弘等反对派大臣对他全力营建朔方的支持。如果这个记载属实,那它标志着西汉王朝的对外政策发生了历史性的转变——汉武帝将要放弃以汉朝为中心建立一个庞大的藩属朝贡体系的梦想,转而集中精力处理与匈奴的双边关系。

武帝殚精竭虑,经营了这么多年的对外扩张计划,真的会因为公孙弘一言而决,说停就停吗?不可能的。太史公在《史记·平津侯主父列传》中的这段记载遗憾地出现了失准。真实的情况是,武帝仅仅叫停了司马相如经营西夷邛、筰的计划,至于南夷夜郎,汉廷仍在其境内保留了两县一都尉。也就是说,限于国力尤其是财力的枯竭,武帝不得不同意收缩对外扩张的战线,但这种收缩只是暂时性和策略性的。至于那个建立藩属朝贡体系的大计划,因为夜郎设县和朔方立郡的两线经营,格局基本上被完整地保留了下来,随时可以重启——只要经费到位的话。

出生在文景时代,从小没过过紧巴日子的汉武帝就像一个娇生惯养的富家少爷。一遇银根吃紧,他首先想到的不是紧缩开支,勤俭持家,而是要另辟财源,想方设法满足自己的奢侈消费。司马迁说,随着武帝对外扩张计划的持续推进,"兴利之臣自此始也"(《史记·平准书》)——一批专门负责为武帝敛财聚财,向老百姓敲骨吸髓的"财政专家"开始在朝廷里走红了。就是这样一批人,在公元前 123 年为武帝办成了一件"大事情"。

这一年,卫青率六将军出击匈奴,斩首一万九千级。以当时汉朝颁布的封赏条例计算,光是赏赐三军的奖金总额就高达二十余万斤黄金。这个天文数字一报上来,大司农只得双手一摊,无奈地表示帑藏已经耗尽,就算摘了他的脑袋,这笔钱国库也拿不出来。可这二十万金毕竟是官兵们拿性命搏来的赏钱,朝廷总不能赖账吧,否则以后谁还披甲上阵,甘心为朝廷卖命?情急之下,武帝的财政大臣们给他想出了一个变通的法子:

"请置赏官,命日武功爵。级十七万,凡直三十余万金。诸买武功爵官首者试补吏,先除;千夫如五大夫;其有罪又减二等;爵得至乐卿:以显军功。"

——《史记·平准书》

这个颁赏武功爵的方案看似有些烦琐,但它的实质真要剖析起来也不复杂。这早晚武帝的口袋里没钱不是吗?可做官儿的印把子还攥在他手里。朝廷以爵位代替赏金颁发给立功将士,并且规定这些爵位都可以按照官方核定的比价转卖给第三者。而且,为了保证将士们的爵赏能够顺利变现,朝廷还出台了一系列鼓励民间富户购买武功爵的优待政策,比如购买武功爵者可以优先试用为吏,犯罪的时候又能适当减免刑罚,等等。武功爵制度的出台，其实跟今天那些经营不良的企业把积压的库存产品发放给职工自行销售以冲抵工资的做法性质上没什么两样。因为武功爵的颁布，武帝不但成功填补了二十万金的资金缺口，还额外多捞了十万金。

单从救火应急的角度来看，"武功爵"的出台无疑为西汉的国家财政注入了一针强心剂。但为了这笔不义之财，西汉王朝付出的代价也足够沉重：朝廷画饼充饥，迫使立功官兵转卖自己拿性命换来的爵赏，势必对军人的荣誉感造成极大的摧残，长此以往，战场上将会出现越来越多唯利是图的"雇佣兵"。到公元前119年漠北之战后，汉朝的对匈战争不得不暂时消歇下来，这一方面固然是因为巨大的战争损失需要时间来补充——此次战役，仅战马一项，汉朝便损失了十万匹以上；但另一方面也是因为出征官兵的赏赐和俸禄已经让国家财政不堪重负：

> 其明年，大将军、骠骑大出击胡，得首虏八九万级，赏赐五十万金，汉军马死者十余万匹，转漕车甲之费不与焉。是时财匮，战士颇不得禄矣。
>
> ——《史记·平准书》

军人的荣誉感被武功爵制度磋磨殆尽不说，现在应得的薪水朝廷都要打白条了，谁还能替这样的政府扛枪打仗？

国之大事，在祀与戎。发动战争是情非得已，目的该是换取家园的和平与安宁。原本，受匈奴帝国侵扰近百年的西汉进行自卫反击也是在情在理，因而也曾得到民众自发的支持。比如靠畜牧发家的河南富豪卜式就曾不止一次上书朝廷，表示自愿捐出家财以支持汉军对匈作战。钦差问他输财入官是不是想要谋个一官半职，卜式回答道：

"天子诛匈奴，愚以为贤者宜死节于边，有财者宜输委，如此而匈奴可灭也。"

——《史记·平准书》

这番话大概代表了早期的一般民众对汉匈战争的朴素愿望：如果国家和军队能通过这场战争为他们带来长期的和平，他们愿意节衣缩食以为支持。可问题是随着战争的继续进行，民众开始发现战局的走势距离他们的期待越来越远：匈奴人早已不敢南下犯边，甚至汉军一再挑战，对方也照样忍气吞声，龟缩不出，但汉武帝的作战计划仍然没有就此画上句号。为了听到匈奴单于亲口对他称臣，一支又一支的军队被派往北方，一场接一场的恶战在异域打响。而国内的民众呢，还要继续为武帝的征服野心买单。武功爵、盐铁专卖、算缗与告缗……搜刮民财的政令一项接一项地出台。公元前120年，武帝把自愿输财助军的卜式树为典型，给他加官晋爵以劝勉百姓，可结果却是应者寥寥，"富豪皆争匿财"（《史记·平准书》）。这样的情况持续恶化，到八年之后的公元前112年，甚至连卜式本人也不堪忍受武帝疯狂的敛财行径，就船算（也就是对商用船舶征收赋税）一事向武帝提出了反对意见。汉武帝的敛财政策居然"逼反了"他亲手树立的正面典型，这不啻是扇了他自己的耳光。事情弄到这步田地，汉朝民生的最大威胁已经不是匈奴人的劫掠，而是权力高层的欲壑难填，是汉匈战争的无端糜费，是汉朝税吏的肆意盘剥。百姓的厌战情绪在高涨，军队在人民心中的形象被破坏。虽然汉军曾有过光荣的历史与传统，但久拖不决的战争却让它在平民百姓的口中变得人憎狗嫌。

公元前111年，汉武帝派公孙贺、赵破奴由九原、令居分道进击匈奴，不见一人，空手而归。

公元前104年，因匈奴左大都尉遣使请降，武帝命公孙敖筑受降城，并派赵破奴率骑兵两万出塞两千余里，接应匈奴降将。结果赵破奴遭到儿单于麾下八万骑兵的围攻，兵败被俘。

公元前102年，武帝命令汉军远出塞外，建立城障、列亭。匈奴大举寇边以为报复，所幸汉军任文部击溃右贤王，夺回了匈奴掳掠的人畜。

公元前99年，因匈奴扣押苏武，击杀汉使，武帝命贰师将军李广利率三万骑兵出酒泉，进击右贤王于祁连山。李广利虽然初战告捷，回军途中却遭到匈奴重兵包围，汉军物故十之六七。

公元前97年，武帝命汉军兵分三路进击匈奴，结果李广利、公孙敖等将领均无功而返。

公元前90年，李广利等三路汉军再次分道进击匈奴。途中，李广利与丞相刘屈氂暗中谋划立昌邑王刘髆为储君的隐事被人告发。害怕遭到惩罚的李广利在战场上举措失当,兵败投降匈奴。

在卫青、霍去病等名将故去之后的二十年里,武帝又先后发动了六次针对匈奴的军事行动,如上所示,只有一次小有斩获,两次无功而返,三次全军覆没。

正如多年以前公孙弘、主父偃等大臣为汉武帝分析的那样,皇帝那个野心勃勃的扩张计划远远超出了汉朝国力所能承受的极限,注定是要落空的。宋代学者黄震说:"武帝五十年间,因兵革而财用耗,因财用而刑法酷,沸四海而为鼎,生民无所措手足。迨至末年,平准之置,则海内萧然,户口减半,阴夺于民之祸于斯为极。"汉匈战争不适当的长期延续带给国家和百姓的灾难是深重的。仅赖祖上余泽,徐乐关于"天下土崩"的预言才没有在武帝的一系列胡作非为之后变成现实。公元前89年的《轮台诏》为这场苦难的战争画上了句点,它宣告了一个混杂着光荣与泪水的时代即将落幕。一代誉满天下、谤满天下的雄主即将逝去,劫后重生的大汉王朝正在阵痛之中等待着中兴的曙光。